Knuspriger SÜDWESTEN

Köstliche Rezepte rund ums Brot aus baden-württembergischen Küchen

»SWR4
Branik
kocht

Mit bewährten LandFrauen-Rezepten

Michael Branik ist ein Moderator aus dem Ländle für das Ländle. Aufgewachsen in Igersheim, kam er über einen Talentwettbewerb zum damaligen Süddeutschen Rundfunk. Seit der Senderfusion ist Michael Branik die Stimme von SWR4 mit Faible für die landestypische Küche. Diese vermittelt der leidenschaftliche Gourmet im Hörfunkprogramm in seiner eigenen Rubrik »Branik kocht«.

2. Auflage 2017

© 2017 by
Silberburg-Verlag GmbH,
Schönbuchstraße 48,
D-72074 Tübingen.
Alle Rechte vorbehalten.

Lizenziert durch
SWR Media Services GmbH

Umschlaggestaltung:
Christoph Wöhler, Tübingen.
Druck: Gulde-Druck, Tübingen.
Printed in Germany.

ISBN 978-3-8425-2008-0

Besuchen Sie uns im Internet und entdecken Sie die Vielfalt unseres Verlagsprogramms:
www.silberburg.de

Ihre Meinung ist wichtig …

… für unsere Verlagsarbeit. Wir freuen uns auf Kritik und Anregungen unter:

www.silberburg.de/Meinung

INHALT

Süßer Genuss *55*

Brezel, Weckle & Co. *73*

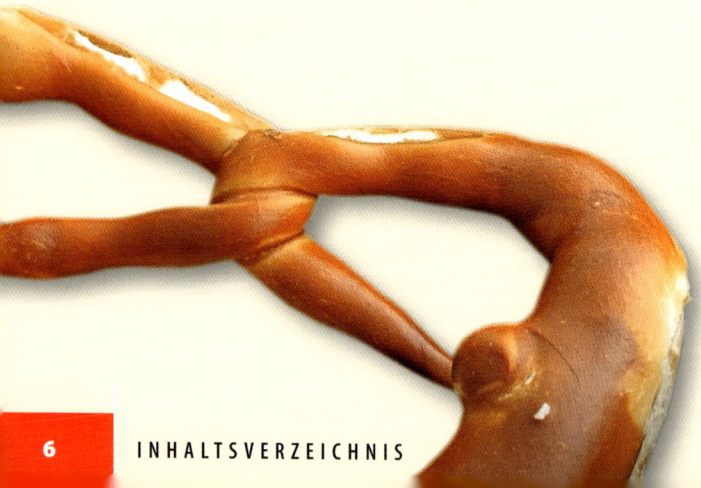

Leckere Brotrestle *93*

Herzhafte Aufstriche *111*

KNUSPRIGER SÜDWESTEN

Wie halten Sie's mit Focaccia? Ich genieße das italienische Fladenbrot am liebsten solo, allenfalls mit einem Gläschen Pinot Grigio dazu. Gästen serviere ich die etwas verfeinerte Variante mit Parmaschinken und Cocktailtomaten. Eines aber ist immer gleich: Meine Focaccia ist frisch gebacken, und zwar im eigenen Ofen. Wie das geht? Lassen Sie sich überraschen, das Rezept dafür verrate ich Ihnen in diesem Buch.

Dieses Buch ist wieder ein gemeinsames Werk von SWR4 Baden-Württemberg und dem Silberburg-Verlag und vor allem von Ihnen, liebe Hörerinnen und Hörer, denn Sie haben den vorliegenden Band »Knuspriger Südwesten« mit Ihren bewährten Rezeptideen rund ums Brot gefüllt.

Vielen Dank dafür, dass Sie uns so zahlreich unterstützt haben.

Insgesamt sind rund 650 Vorschläge bei uns eingegangen, leider konnten wir nicht alle für die Veröffentlichung berücksichtigen. 148 Rezepte haben wir ausgewählt: Grundzubereitungen für Brot aus Roggen, Weizen und Dinkel sind ebenso vertreten wie Vorschläge für besondere Brote mit Käse oder Oliven, Nüssen oder Speck. Selbst leckere Seelen backen Sie mit Hilfe dieses Buches jetzt selbst. Brote können aber auch süß sein, wie SWR4-Konditormeister Harry Ulrich mit einem alten Familienrezept beweist.

Doch bekanntlich lebt der Mensch nicht vom Brot allein. Deshalb finden Sie auf den folgenden Seiten auch Vorschläge für leckere Aufstriche. Meine Empfehlung: Probieren Sie unbedingt die Linsenpaste!

Die Resteverwertung ist ein Kapitel, das mir besonders am Herzen liegt. Denn ganz gleich, ob süß oder pikant, aus jedem Brot-

rest lässt sich noch was Leckeres machen. Beispielhaft seien »Arme Ritter« und Brotauflauf mit Wirsing, Blauschimmelkäse und Walnüssen genannt.

Zu den Rezepten finden Sie natürlich viele erprobte Tipps, damit gelingen Ihnen die Zubereitungen garantiert. Darunter übrigens auch die von den baden-württembergischen LandFrauen, den Kunden von Baden-Württembergs Raiffeisenmärkten und von Gerlinde Kretschmann, der Gattin unseres Ministerpräsidenten. Ich bin mir sicher, der »Knusprige Südwesten« enthält viele Anregungen, da wird jeder Gaumen fündig.

Guten Appetit wünscht Ihnen

≫SWR4 Branik kocht

ZUR KULTURGESCHICHTE DES BROTES UND DER BACKÖFEN IM SÜDWESTEN

»Unser täglich Brot gib uns heute« heißt die Bitte im »Vater unser« und bringt den Stellenwert des Grundnahrungsmittels Brot zum Ausdruck. Die Brotkultur in Deutschland ist einzigartig. Die bislang über 300 bekannten Sorten gehen derzeit in einer Online-Erhebung des Deutschen Bäckerhandwerks in über 3000 Brotspezialitäten auf. Die Aktion zielt darauf ab, deutsches Brot als immaterielles Kulturerbe der UNESCO anerkennen zu lassen. Kleingebäck umfasst etwa 1200 Sorten. Es ist nicht allein die Vielzahl, sondern vor allem die Qualität, die insbesondere die regionale Brotkultur und damit den Brotgenuss ausmacht. Der durchschnittliche Brotverzehr geht seit einigen Jahren leicht zurück und lag 2015 im Schnitt bei 47,2 Kilogramm pro Person jährlich und entspricht etwa zweieinhalb Brotscheiben pro Tag.

Was zeichnet den deutschen Südwesten derzeit bei Brot und Kleingebäck aus? Brezeln, Ulmer Spatzen, oberschwäbische Seelen, Reutlinger Mutscheln, südbadische Weinbergschneckle stehen für das Spezielle beim Kleingebäck. Ein Drittel aller Brote im Südwesten sind Weizenmischbrote, gefolgt von Weizenbroten, Mehrkornbroten, Vollkornbroten und weniger als zehn Prozent Dinkelbroten. Hefe ist bei 82 Prozent das Triebmittel. Über die Hälfte aller Brote werden in normalen Backöfen gebacken, ein knappes Drittel in Steinbacköfen und fast zehn Prozent in Holzbacköfen.

Wie verlief die Entwicklungsgeschichte des Brotbackens? Archäologische Funde aus dem Federseegebiet belegen ungesäuerte, getrocknete Getreidefladen für die Jungsteinzeit (2500–2000 v. Chr.). Seit der Hallstattzeit (etwa 850–550 v. Chr.) ist das Backen von gesäuertem Brot nachweisbar. Die Römer brachten in den ersten nachchristlichen Jahrhunderten die Brustfeuerungsöfen über die Alpen. Diese Backtechnik setzte sich durch die Klöster und die Zünfte ab dem 12. Jahrhundert durch. Ein kolorierter Holzschnitt stellt den Einsatz eines mobilen Backofens auf dem Konstanzer Konzil, Anfang des 15. Jahrhunderts, dar.

Ab Ende des 18. Jahrhunderts hielten feuerpolizeiliche Verordnungen und Gesetze die Bevölkerung dazu an, anstelle der vielen kleinen Backhäuser in einem öffentlichen Backhaus mit Holzbackofen zu

backen. Volksaufklärer wie Johann Ferdinand Mayer und Rudolf Zacharias Becker propagierten darüber hinaus den ökonomischen Gedanken. In seinem »Lehrbuch für Land- und Hauswirte« schrieb der Hohenloher Pfarrer Johann Ferdinand Mayer 1773: »Es ist sehr leicht zu begreifen, dass ein erkalteter Backofen, bis er wieder erhizet wird, weit mehr Feuer und Holz erfordert als ein anderer, der in steter Hitze und Wärme gehalten wird. Der zweite Ofen ist der gemeinschaftliche, in welchem, so bald als des einen Brot heraus genommen wird, des andern seines wieder hineingeschoben wird.«

Den Brandschutz hob der damalige »Bestsellerautor« Rudolf Zacharias Becker in seinem »Noth- und Hülfsbüchlein für Bauers-

leute« 1788 besonders hervor. In dem Kapitel »Was beym Brodbacken zu beachten sey« heißt es: »… dass so viel Backöfen im Dorfe sind, so viel mahl auch Feuersgefahr dabey ist, und um desto mehr, je seltener die Leute beym Backofen beschäftigt sind.« Becker berichtet von ersten öffentlichen Backhäusern; diese wurden von einem Bäcker geführt.

Für die Stadt Durlach ist vom Ende des 17. Jahrhunderts überliefert, dass jeder Bürger seinen Teig mit notwendigem Würckmehl (Mehl zum Kneten) in das Back-haus liefern durfte. Wenn sich ein Bäcker sperrte, das Brot zu backen, wenn er das Brot anbrennen ließ oder mutwillig verdarb, musste dieser der Stadt jedesmal zehn Schilling Strafe bezahlen und dem Bürger den Schaden nach dem Urteil der Brotschauer ersetzen. Brotschauer prüften die tägliche Bachet (Backgut) der Bäcker nach Qualität, Gewicht und Form. So belegen es verschiedene Backordnungen in den Gemeindearchiven. Es gab aber auch Einrichtungen, die von einer Aufsichtsperson geführt wurden – im

19. Jahrhundert von einem Backmeister oder Backhausaufseher. Im 20. Jahrhundert übernahmen diese Aufgabe häufig die Frauen des Dorfes.

In Seißen bei Blaubeuren ging das Gemeindebackhaus mit einer ersten Backordnung und der Anstellung eines »tauglichen Backmeisters« im Jahr 1855 in Betrieb. Schon für 1628/29 war ein »gemein bachofen« beschrieben, den wohl überwiegend Seldner (Kleinbauern) nutzten. Der Anstieg der Holzpreise und die Auswirkungen der feuerpolizeilichen Verordnungen bewirkten eine steigende Nachfrage für das öffentliche Backhaus und in der Folge eine Aufgabe von privaten Backöfen. Die Seißener Backordnung legte fest, dass beim Zwölfuhrläuten die Backzeit ausgelost wurde und dass die Backzeit beim ersten Backen vier Stunden und bei den nachfolgenden dreieinhalb Stunden betrug. Außerdem durfte das Backhaus auch zum Dörren von Äpfeln, Zwetschgen, Birnen und Musmehl genutzt werden.

Die Frauen nutzten die Gemeindebackhäuser täglich außer sonntags, um Brot, Wecken und süße sowie salzige Kuchen (Blatz, Dünnete, Dinnele) zu backen. Dabei kam es durchaus zu Engpässen wie vor Weihnachten. Äußerst unbeliebt war das erste Backen nach Weihnachten, weil die Backöfen meist vom Heiligen Abend bis zum Dreikönigstag außer Betrieb waren. Deshalb rief die Gemeinde alle Backenden dazu auf, für das erste Backen nach Weihnachten jeweils ein Reisigbüschel zum Anzünden abzugeben.

Mit der Elektrifizierung des ländlichen Raumes Ende der 1920er-Jahre änderte sich das Brotbacken grundlegend. Der erste elektrische Gemeinschaftsbackofen stand in Häusern bei Biberach. Er erwies sich jedoch für den kleinen Weiler als zu groß und unrentabel. Bis in die 1960er-Jahre rüstete nur ein kleiner Teil der Gemeinden von Holz- auf Elektrobacköfen um. Die Befürchtung, das Brot würde »nach Strom schmecken«, konnte ausgeräumt werden. Das häusliche Brotbacken verlor zunehmend seine Bedeutung. Der tägliche Brotbedarf, in wachsender Angebotsvielfalt, wurde nun hauptsächlich in handwerklichen Bäckereien gedeckt. In den 1970er-Jahren fielen einige Gemeindebackhäuser wegen der geringen Auslastung dem Abbruch zum Opfer. Ab den 1980er-Jahren erlebten die Gemeindebackhäuser und das Brotbacken eine nostalgische Renaissance. Backhausfeste stellten und stellen Holzofenbrot in den Mittelpunkt und die Begeisterung für regionalen Genuss erhielt neue Nahrung. Heutzutage sind es gerade auch die Zugezogenen, die in Kursen der Landfrauenvereine das Backen neu erlernen. Darüber hinaus gibt es zahlreiche Familien, welche die Tradition des Brotbackens im eigenen Backofen neu aufleben lassen. Der Vielfalt an Zutaten, Zubereitung und Geschmack sind dabei keine Grenzen gesetzt. Ein gutes Brot ist so elementar wie gute Luft oder gutes Wasser und macht ein gutes Leben aus.

Beate Krieg

Klassische Brote

Dinkel-Mischbrot

Edeltraud Wagegg,
Leutkirch-Gebrazhofen

Zutaten: *700 g Dinkelmehl · 200 g Roggen-*
mehl · 150 g frisch gemahlenes Dinkelvoll-
kornmehl · 150 g gemahlenes Weizenvoll-
kornmehl · 1/2 Tasse geschrotete Leinsamen ·
1 Würfel Hefe · 4 TL Salz · 1 TL Zucker ·
3 TL Brotgewürz · 1 l warmes Wasser

Zubereitung: Alle Zutaten 8 bis 10 Minuten in der Küchenmaschine kneten, dann
etwa 1 Stunde zugedeckt gehen lassen. Nun
4 Brotlaibe formen. In oder auf die Back-
waren kann man dann je nach Belieben
Sonnenblumen- oder Kürbiskerne, Schwarzkümmel, Sesam, Mohn oder geröstete Zwiebeln geben. Die Brotlaibe 10 Minuten bei
230 Grad, danach 42 Minuten bei 200 Grad
backen, Kastenbrote 45 Minuten backen.
Zum Backen eine feuerfeste Schale mit Wasser in den Backofen stellen.

Tipps & Tricks: Die gleiche Menge Teig
jedoch nur mit 1/2 Würfel Hefe kneten, über
Nacht im Kühlschrank oder auf dem Balkon
(in der kühleren Jahreszeit) gehen lassen.
Zum Frühstück am Sonntag gibt's dann
frische Brötchen.

Dinkelschrotbrot

Walter Wehrle,
Schopfheim

Zutaten: *250 g feiner Dinkelschrot · 450 g Dinkelmehl Type 1050 · 150 g Roggenmehl Type 1100 · 150 g Weizenmehl Type 1050 · 100 g Sesam · 100 g Leinsamen · 30 g Salz · 1 TL Brotgewürz · 1 TL Kreuzkümmel · 1/2 Beutel Trockensauerteig · 1/2 Würfel Hefe · 1 Päckchen Trockenhefe · 1 TL Honig · Wasser · nach Belieben Walnüsse, Kürbis- und Sonnenblumenkerne*

Zubereitung: Für das Brühstück den Dinkelschrot mit 400 ml kochendem Wasser übergießen, durchmischen und abkühlen lassen. Mehl, Sesam, Leinsamen, Salz, Brotgewürz, Kreuzkümmel und den Trockensauerteig in eine große Schüssel geben. Die Hefe in 100 ml Wasser auflösen und zusammen mit dem Honig in der Mitte der Zutaten zu einem Vorteig verrühren. Das Ganze eine halbe Stunde gehen lassen. Das Brühstück dazugeben und alles mit 300 ml lauwarmem Wasser zu einem Teig kneten. Anschließend nach Belieben Walnüsse, Kürbis- und Sonnenblumenkerne dazugeben. Nun 1 Stunde ruhen lassen. Den Teig in zwei Hälften teilen, diese durchkneten, zu Laiben formen und in Backformen geben. Zugedeckt weitere 30 Minuten ruhen lassen. Den Backofen auf 230 Grad vorheizen. Die Laibe mit Wasser bestreichen und bei 230 Grad (Unter-/Oberhitze) 15 Minuten backen. Dann auf 180 Grad zurückstellen und 45 Minuten fertigbacken.

Tipps & Tricks: Das Brühstück ist eine Vorstufe der Teigbereitung. Dabei wird ein aus Getreide (Schrot oder Mehl) und Wasser bestehendes Gemisch zum Vorquellen für mehrere Stunden oder über Nacht angesetzt. Dadurch kann die im Teig gebundene Wassermenge erhöht werden, das Brot wird saftiger und haltbarer.

Dinkelbrot

Isolde Weckler, Langenburg

Zutaten: *450 ml warmes Wasser · 2 EL Obstessig · 500 g Dinkelmehl Type 630 · je 50 g Sesam, Leinsamen und Sonnenblumenkerne · 2 TL Salz · 1 Würfel Hefe · 1 TL Zucker · Fett · Semmelmehl*

Zubereitung: Das Wasser leicht erwärmen und den Essig dazugeben. Mehl, Körner und Salz in eine Schüssel geben. Die Hefe mit Zucker und etwas Wasser verrühren. Nun alles gut vermengen und anschließend in die gefettete und mit Semmelmehl ausgestreute Kastenform füllen. In den kalten Backofen stellen und bei 180 Grad 1 Stunde backen.

Tipps & Tricks: Mit einer Tasse Wasser im Ofen wird das Brot saftig und bekommt eine schöne Kruste.

Bauernbrot

Lioba Senger, Radolfzell

Zutaten: *2 kg Bauernbrotmehl Type 890 · 1,6 l kaltes Wasser · 50 g Salz · 30 g Hefe*

Zubereitung: Aus allen Zutaten einen Teig kneten und mindestens 5 Stunden oder etwas länger gehen lassen. Bei 250 Grad 10 Minuten backen, anschließend bei 200 Grad etwa 50 Minuten fertigbacken.

Tipps & Tricks: Aus dem Teig backe ich Brot, Brötchen, Seelen, Dünne und Pizza.

Bauernbrot

*Marie-Luise Linckh,
Vaihingen an der Enz
Präsidentin LandFrauenverband
Württemberg-Baden*

Zutaten: *750 g Weizenmehl
Type 1050 · 125 g Roggenmehl
Type 1150 · 20 g Salz · 100 g gekochte,
durchgedrückte Kartoffeln · 20 g Hefe ·
etwas Sauerteig · etwa 80 ml Wasser*

Zubereitung: Alle Zutaten in eine
Schüssel geben. Mit Hefe, Sauerteig
und Wasser einen Vorteig herstellen,
etwas ruhen lassen. Dann alles zu
einem geschmeidigen Teig verkneten und etwa 1 Stunde ruhen lassen.
Danach das Brot formen und in der
Form nochmals 10 Minuten gehen
lassen. Anschließend 15 Minuten bei 220 Grad backen, dann
weitere 45 Minuten bei 180 Grad
fertigbacken.

Tipps & Tricks: Dazu passt ein Kür-
bisbrotaufstrich. Für diesen brauchen
wir etwa 300 g Fruchtfleisch vom
Hokkaido-Kürbis, 200 g Frischkäse,
250 g Magerquark, Salz und verschiedene frische Kräuter. Den Kürbis halbieren, die Kerne entfernen und etwa
1/2 Stunde bei 200 Grad im Backofen
braten, bis das Kürbisfleisch weich ist.
Pürieren, mit den anderen Zutaten
mischen und abschmecken. Fertig
ist der köstliche Brotaufstrich. Wir
bauen übrigens die Kürbisse selbst an
und bieten sie in unserem Hofladen
zum Verkauf.

Würziges Bauernbrot

Hildegard Schätzle,
Zell-Unterharmersbach

Zutaten: *250 g Weizenmehl Type 1050 · 250 g Roggenmehl Type 1150 · 1 Päckchen Trockenhefe · 1 TL Zucker · 2 TL Salz · 1/2 TL Kümmel · 1/2 TL Fenchel · 4 EL Speiseöl · 250 ml lauwarmes Wasser · 125 g Sauerteig*

Zubereitung: Alle Zutaten bis auf den Sauerteig mischen und mit einem Handrührgerät mit Knethaken verrühren. Sauerteig hinzufügen, alles zu einem glatten Teig verarbeiten. Abgedeckt an einem warmen Ort so lange gehen lassen, bis der Teig sich sichtbar vergrößert hat. Nochmals alles gut durchkneten, zu einem runden Laib formen und auf ein mit Backpapier ausgelegtes Backblech legen. Nun nochmal gehen lassen. Mit warmem Wasser bestreichen, die obere Seite kreuzweise etwa 1 cm tief einschneiden, mit Weizenmehl bestäuben und in den Ofen schieben. Im vorgeheizten Ofen bei 200 Grad etwa 50 Minuten backen.

Remstäler Bauernbrot

Monika Nüsch,
Neuenstadt am Kocher

Zutaten: *1 kg Mehl · Salz · 1 Würfel Hefe · 1 Beutel Sauerteig · lauwarmes Wasser*

Zubereitung: Das Mehl mit etwas Salz am Vorabend in einer großen Schüssel warmstellen. Mit der Hefe, dem Sauerteig, etwas abgenommenem Mehl und lauwarmem Wasser einen Vorteig ansetzen und ebenfalls über Nacht warmstellen. Am Backtag Mehl, Vorteig und so viel handwarmes Wasser vermengen, dass ein sehr lockerer, kaum formbarer Teig entsteht. An einem warmen Platz 1 Stunde gehen lassen. Danach den Teig in ein möglichst mit einem bemehlten Backtuch ausgelegtes Backkörbchen füllen und eine weitere Stunde gehen lassen. Den Garling auf ein bemehltes Blech stürzen, mit Wasser bepinseln und im vorgeheizten Backofen bei 250 Grad eine gute Stunde backen.

Tipps & Tricks: Eventuell Hitze nach 30 Minuten reduzieren.

Körnerbrot

Gudrun Krockenberger,
Schwetzingen

Zutaten: *1 Würfel Hefe · 1 TL Zucker ·
600 ml lauwarmem Wasser · 500 g Dinkelvollkornmehl · 100 g Buchweizenmehl ·
2 TL Salz · 2 TL Essig · 50 g Leinsamen ·
50 g Hirse · 50 g Haferflocken · 50 g Kürbiskerne · 50 g Sesam · 50 g Sonnenblumenkerne*

Zubereitung: Die frische Hefe mit dem
Zucker im lauwarmen Wasser auflösen.
Dinkelvollkornmehl, Buchweizenmehl, Salz,
Essig, Leinsamen, Hirse, Haferflocken, Kürbiskerne, Sesam und Sonnenblumenkerne
zur Hefemischung geben. Alles zu einem
Teig verkneten. Die Teigmasse in eine mit
Backpapier ausgelegte Kastenform (30 cm)
füllen. Im heißen Ofen bei 225 Grad etwa
1 Stunde backen, herausnehmen und abkühlen lassen.

Tipps & Tricks: Dazu schmeckt Butter, aber
auch Sanddorn-Orangen-Konfitüre sehr gut.

Leichtes Schrotbrot

Marianne Weeger, Dürnau

Zutaten: *300 g Schrot (halb Roggen, halb Weizen) · 60 g Hefe · 700 g Brotmehl Type 1050 · 1–2 TL Salz · 500–750 ml Wasser · je nach Geschmack Sesam, Leinsamen, Buchweizen, Sonnenblumenkerne*

Zubereitung: Die Hälfte des Schrotes am Vorabend mit 125 ml Wasser einweichen. Aus der Hefe mit etwas lauwarmem Wasser einen Vorteig herstellen, den man in einer Mulde im Mehl gut gehen lässt. Die übrigen Zutaten sowie die eingeweichte Schrotmischung beifügen und alles kneten, bis sich der Teig von der Schüssel löst und kleine Blasen bildet. Den Teig etwa 30 bis 40 Minuten gehen lassen. Dann den Gärprozess unterbrechen, indem man den Teig nochmals aufschlägt. Nach weiteren 30 bis 40 Minuten den Teig zu kleinen Brotlaiben formen. Anschließend das Brot etwa 50 bis 60 Minuten backen. Backtemperatur: 230 Grad im Elektroherd, 280 Grad im Holzbackofen.

Tipps & Tricks: Damit das Brot schön glänzt, kann man es nach der Backzeit mit Wasser einpinseln. Der Teig eignet sich auch prima für Wecken (Backzeit: 20 bis 30 Minuten).

Dinkel-Buchweizen-Brot

Harald Lurz, Helmstadt-Holzkirchhausen

Zutaten: *400 g Dinkelmehl · 100 g Buchweizenmehl · 70 g Sesamsamen · 70 g Sonnenblumenkerne · 70 g Leinsamen · 1 TL Salz · 1 TL Essig · 1 Würfel Hefe · 500 ml Wasser · etwas Fett*

Zubereitung: Alle Zutaten mischen und gut verkneten. Eine Brotbackform ausfetten und den Teig hineingeben. Das Ganze etwa 1 Stunde bei 220 Grad backen, bis eine schöne Kruste entstanden ist. Dann das Brot herausnehmen und auskühlen lassen.

Tipps & Tricks: An den ersten drei Tagen schmeckt das Brot am besten, aber älter wird es meist eh nicht.

Eingenetztes Brot

Monika Heselmaier, Holzgerlingen

Zutaten: *1 Würfel Hefe · etwas Zucker · 500–600 ml lauwarmes Wasser · 800 g Mehl Type 1050 · 200 g Mehl Type 1150 · 20 g Salz · 10 ml Essig*

Zubereitung: Hefe mit etwas Zucker im lauwarmen Wasser auflösen. Dann alle Zutaten zu einem glatten Teig verarbeiten. 90 Minuten gehen lassen. Nun 15 Minuten auf höchster Stufe backen, dann runterschalten auf 200 Grad und noch etwa 1 Stunde weiterbacken.

Tipps & Tricks: Wer sein eingenetztes Brot heller haben möchte, sollte 500 g Mehl Type 1050 und 500 g Mehl Type 550 nehmen.

Holzofenbrot

Dorothea Hämmerle, Bondorf

Zutaten: *400 g Weizenmehl Type 1050 · 400 g Dinkelmehl Type 1050 · 200 g Roggenmehl · 1 Würfel Hefe · 1 1/2 EL Salz · 4 gekochte Kartoffeln · Wasser*

Zubereitung: Die Mehlsorten mischen, die Hefe mit lauwarmem Wasser anrühren und einen Vorteig zubereiten. Alles 1 Stunde gehen lassen. Dann 500 ml bis 1 l Wasser unter den Teig rühren, Salz und die geschälten Kartoffeln dazugeben, alles gut verkneten. Einen Laib formen, 30 Minuten gehen lassen und anschließend bei 220 Grad 45 Minuten backen.

Dinkeljoghurtbrot

Gerlinde Sanktjohanser, Wiesloch

Zutaten: *1 Würfel Hefe · 125 ml lauwarmes Wasser · 500 g Dinkelmehl Type 830 · 1 TL Zucker · 1 TL Salz · 250 g Joghurt · 3 EL Olivenöl · Brotgewürz: Kümmel, Anis, gemahlener Fenchel*

Zubereitung: Hefe mit etwas lauwarmen Wasser und dem Zucker auflösen und etwa 10 Minuten gehen lassen. Dann das Mehl und die restlichen Zutaten dazugeben. Die Masse etwa 7 Minuten mit dem Handrührgerät oder der Küchenmaschine gut verrühren. Anschließend 90 Minuten gehen lassen. Danach nochmals durchkneten und den Teig in eine Kastenform geben. Nochmal 30 Minuten gehen lassen. Dann das Ganze etwa 45 Minuten bei 200 Grad (Umluft) backen.

Tipps & Tricks: Eine Tasse Wasser im Backofen macht die Kruste schön knusprig.

Roggenbrot

Anita Schimpf, Tauberbischofsheim

Zutaten: *1 kg Roggenschrot, fein gemahlen · 1 l kochendes Wasser · 1 Würfel Hefe · 1 TL Zucker · 1/2 Tasse Wasser · 500 g Sauerteig, selbst gemacht oder gekauft · 2 EL Salz · Mehl zum Bestäuben · Fett für die Form*

Zubereitung: Den Roggenschrot in einer Schüssel mit dem kochenden Wasser überbrühen, so dass er gerade bedeckt ist. Nun das Ganze mindestens 3 Stunden quellen lassen, am besten über Nacht. Dann die Hefe mit dem Zucker in der 1/2 Tasse Wasser auflösen. Sauerteig und Hefe zum Roggenschrot geben. Alles kneten, bis der Teig sich von der Schüssel löst. Ist er zu trocken, noch etwas Wasser zugeben: Der Teig muss mittelfest sein. Dann alles in einer bemehlten Schüssel an einem warmen Ort zugedeckt 60 bis 90 Minuten gehen lassen. Den Teig danach nochmal gut durchkneten und zu einem runden Laib formen. Mit dem Teigschluss nach oben in ein bemehltes Tuch einschlagen und nochmals 30 Minuten ruhen lassen. Die Temperatur des auf voller Stufe vorgeheizten Backofens auf 225 Grad reduzieren.

Eine zur Hälfte mit Wasser gefüllte Tasse in den Ofen stellen. Das Brot nun mit dem Teigschluss nach unten auf das gefettete und bemehlte Blech legen und etwa 60 bis 90 Minuten backen.

Tipps & Tricks: Der Teigschluss ist die Nahtstelle, die entsteht, wenn der Teig in Form gebracht wird: Auf der einen Seite des Teiglings entsteht dabei eine glatte Oberfläche, auf der gegenüberliegenden Seite entsteht der Schluss.

Flocken-Dinkel-(Buttermilch)-Brot

Sabine Felder, Aulendorf

Zutaten: *250 g grobe Flocken (Dinkel oder Hafer) · 250 ml Wasser zum Einweichen der Flocken · 1/2 Würfel Hefe · 1 EL Honig · 1/2 Tasse warmes Wasser · 500 ml Buttermilch · 500 g Dinkelmehl Type 1050 · 300 g Dinkelmehl Type 630 · 25 g Salz · 1–2 EL Obstessig*

Zubereitung: Die Flocken mit dem Wasser mindestens 4 Stunden einweichen (Dinkelflocken über Nacht). Hefe mit dem Honig und 1/2 Tasse warmem Wasser verrühren und 20 Minuten gehen lassen. Buttermilch handwarm erwärmen. Mehl, Flocken, Salz, Obstessig, Buttermilch und Hefe in einer Schüssel gut verkneten, eventuell mit der Küchenmaschine. Den Teig 1 Stunde gehen lassen. 1 große und 1 kleine Kastenform ausfetten. Teig aufteilen, mit Wasser benetzen und in Haferflocken wälzen. In die Formen geben und nochmals 20 bis 30 Minuten gehen lassen. Vor dem Backen mit einem Messer die Brote 1 bis 2 cm tief einschneiden. Bei 220 Grad etwa 25 Minuten backen, danach auf 180 Grad zurückschalten und noch weitere 20 Minuten backen.

Buttermilchbrot

Gabriele Amann, Hüfingen-Behla

Zutaten: *2 kg Brotmehl (Weizen/Roggen) · 4 Päckchen Trockenhefe · 45 g Salz · 1 Becher Buttermilch (500 ml) · 800 ml lauwarmes Wasser*

Zubereitung: Alle trockenen Zutaten, auch die Hefe, in die Rührmaschine geben. Die Buttermilch erwärmen und dazugeben, ebenso das lauwarme Wasser. Alles zuerst auf Stufe 1 mit dem Knethaken gut vermengen, dann auf Stufe 2 etwa 15 Minuten weiterkneten. Den Teig 2- bis 3-mal gehen lassen, zusammen etwa 2 Stunden. Bei 250 Grad (Ober-/Unterhitze) 15 Minuten backen. Danach auf 180 Grad weitere 45 Minuten fertig backen.

Tipps & Tricks: Brotmehl gibt es schon fertig gemischt im Mühlenladen oder in den Raiffeisenmärkten.

Buttermilch-Haferbrot

Marietta Thoma, Oberndorf

Zutaten: *1 Würfel Hefe · 1 TL Zucker · 125 ml lauwarmes Wasser · 350 g Weizenvollkornmehl · 250 g Dinkelvollkornmehl · 100 g kernige Haferflocken · 500 ml Buttermilch · 1–2 TL Salz · Koriander, Fenchel, Anis*

Zubereitung: Hefe und Zucker im warmen Wasser auflösen. Das Mehl und die Haferflocken (1 EL zurückbehalten) in eine Rührschüssel geben und mischen. Die aufgelöste Hefe und die erwärmte Buttermilch dazugeben und mit dem Knethaken gut durchkneten. Dann noch die Gewürze darunterkneten und alles gehen lassen. Den Teig aus der Schüssel nehmen, durchkneten und zu einer Rolle formen, in eine gefettete Kastenform (30 cm) geben, mit Wasser bestreichen, mit den Haferflocken bestreuen und nochmals gehen lassen. Backofen auf 220 Grad vorheizen und bei 200 bis 220 Grad 60 bis 70 Minuten backen.

Schnelles Brot

Simone Krall, Ostrach-Jettkofen

Zutaten: *1 Würfel Hefe · 450 ml Wasser · 500 g Dinkelmehl · etwas Salz · 50 g Sonnenblumenkerne, Kürbiskerne, Nüsse … · 50 g Sesam · 50 g Leinsamen · 2 TL Obstessig · Sonnenblumenkerne für die Form*

Zubereitung: Hefe mit Wasser gut verrühren. Alle weiteren Zutaten dazugeben und gut verrühren. Den Teig in eine gefettete, mit Sonnenblumenkernen ausgestreute Kastenform geben. Ganz wichtig: Der Teig braucht nicht zu gehen und den Ofen muss man nicht vorheizen. Nun 1 Stunde bei 200 Grad (Ober-/Unterhitze) oder 50 Minuten bei 170 Grad (Umluft) backen. Das Brot aus der Form lösen und eventuell noch einmal 10 Minuten nachbacken.

Vollkorntoastbrot

Peter Günther, Friedrichshafen

Zutaten: *500 g Dinkelvollkornmehl · 1 TL Salz · 1/2 Würfel Hefe · 250 ml Milch · 1 EL Honig · 50 g Butter · 1 Ei*

Zubereitung: Das Vollkornmehl in eine Schüssel geben, Salz dazugeben, Hefe in der Milch auflösen, Honig und weiche Butter dazugeben, dann noch das Ei. Alles zu einem lockeren Teig kneten. 45 Minuten gehen lassen. Nochmals kneten. In eine Kastenform füllen. Falls sie beschichtet ist, kann man den Teig so hineingeben, ansonsten die Form mit Butter ausstreichen und mit Semmelbröseln ausstreuen. Nochmals alles gehen lassen, bis der Teig etwa die doppelte Größe erreicht hat. Mit Wasser oder Ei bestreichen und bei 200 Grad auf der unteren Schiene etwa 30 bis 35 Minuten backen, bis das Brot schön braun ist. Nach 10 Minuten aus der Form nehmen und einen Tag liegen lassen. Dann lässt sich das Brot gut in Scheiben schneiden und kann getoastet werden.

Stangenweißbrot

Doris Hefele, Dischingen

Zutaten: *500 g Mehl Type 550 · 300 ml lauwarmes Wasser · 50 ml Öl · 1 Würfel Hefe · etwas Zucker · 1 1/2 TL Salz · Sesam, Mohn, grobes Salz, ganzer Kümmel zum Bestreuen*

Zubereitung: Das Mehl in eine Schüssel geben. In der Mitte eine Mulde bilden und die in etwa 100 ml lauwarmem Wasser aufgelöste Hefe dazugeben. Vorteig gehen lassen. Alle restlichen Zutaten zugeben und gut verkneten. Nochmals zugedeckt gehen lassen. Dann Baguettes formen und auf ein mit Backpapier belegtes Blech legen, mit Wasser bestreichen und mit den verschiedenen Gewürzen oder Saaten bestreuen. Im vorgeheizten Backofen bei 200 Grad (Ober-/Unterhitze) etwa 15 bis 20 Minuten hellgelb backen.

Italienisches Weißbrot

Klaus Bastian, Ottersweier

Zutaten: *1 Würfel Hefe · 1 EL Salz · 700 ml kaltes Wasser · 1 kg Mehl Type 550 · 2 EL Olivenöl*

Zubereitung: Die Hefe in 500 ml Wasser, das Salz in 200 ml Wasser auflösen. Mehl in eine Schüssel geben, die beiden Flüssigkeiten und das Öl dazugeben und mit einem Lochkochlöffel rühren, bis die Flüssigkeit sich mit dem Mehl verbunden hat. Nicht schlagen oder kneten! Teig abdecken und kalt 2 Stunden gehen lassen. Den Teig auf eine bemehlte Arbeitsfläche geben und in 4 Teile teilen. Zu Broten formen, mit Mehl bestäuben und etwa 10 Minuten ruhen lassen. Backofen auf 230 Grad (Umluft) oder 250 Grad (Unter-/Oberhitze) vorheizen und die Brote etwa 25 Minuten backen.

Tipps & Tricks: In den Teig kann man auch Oliven, getrocknete Tomaten und/ oder Kräuter geben. Das Rezept stammt aus einem Männerkochkurs, dem ich seit vielen Jahren angehöre.

Besenbrot

*Michael Branik
und Erika Schluchter
(Schluchters Weinstube),
Pfedelbach-Baierbach*

Zutaten: *350 g Weizenmehl Type 1050 · 200 g Roggenmehl Type 997 · 15 g Salz · 400 ml Wasser · 80 g Sauerteig · 1 Würfel Hefe · 1 kleine Kartoffel, gekocht und püriert · Sonnenblumenkerne nach Belieben*

Zubereitung: Alle Zutaten zusammen etwa 15 Minuten kneten. Am Schluss die Sonnenblumenkerne zugeben. Den Teig 30 Minuten ruhen lassen. Dann kurz durchkneten und in Form bringen. Nochmals ruhen lassen. Bei 230 Grad einschießen, nach 10 Minuten zurückschalten auf 180 Grad. Gut 45 Minuten backen lassen.

Tipps & Tricks: Dazu serviert Erika Schluchter einen sommerlichen Rindfleischsalat.

Kümmelbrot

Ursula Münz, Mannheim

Zutaten: *1 kg Mehl · 750 ml Wasser · 1 Würfel Hefe · 1 TL Salz · 1 EL Öl · Kümmel*

Zubereitung: Mit lauwarmem Wasser einen Hefeteig kneten, gehen lassen. Nun reichlich Kümmel unterkneten. Danach 2 Laibe formen und aufs Backblech setzen. Um ein besseres Backergebnis zu erlangen, ein kleines, mit Wasser gefülltes Gefäß in den Backofen stellen. Das Backblech mit den Laiben in den Ofen schieben und alles etwa 1 Stunde bei 180 Grad backen.

Tipps & Tricks: Das Kümmelbrot ist ein Familienrezept und wird bereits in der vierten Generation gebacken.

Kartoffelbrot

Bärbel Merkle, Eisingen

Zutaten: *30 g Hefe oder 9 g Trockenhefe · 600 ml lauwarmes Milch-Wasser-Gemisch · 1 kg Weizenmehl Type 1050 · 2 TL Salz · 500 g warme Kartoffeln, geschält und püriert · 2 TL Kümmel*

Zubereitung: Die Hefe in 6 EL vom Milch-Wasser-Gemisch auflösen. Mehl und Salz in eine Schüssel sieben, die Kartoffelmasse mit den Fingerspitzen in das Mehl reiben. Die Hefe und die restliche Flüssigkeit hinzufügen. Den Kümmel untermischen und gut durchkneten. Etwa 2 Stunden gehen lassen, bis sich das Teigvolumen ungefähr verdoppelt hat. Dann den Teig leicht kneten, auf einer mit Mehl bestäubten Arbeitsfläche zu einem Brotlaib formen und mit einem feuchten Tuch bedecken. Noch etwa 30 Minuten gehen lassen, bis der Teig sich etwa noch um die Hälfte vergrößert hat. Nun bei 230 Grad (Umluft) oder 250 Grad (Ober-/Unterhitze) 10 Minuten backen, danach bei 160 Grad (Umluft) oder 180 Grad (Ober-/Unterhitze) 1 Stunde fertigbacken.

Tipps & Tricks: Die Kartoffeln am besten bei schwacher Hitze kochen, damit sie nicht zerfallen. Wer ganzen Kümmel nicht mag, kann auch gemahlenen nehmen.

Sauerteigbrot

Maria Rist, Wannweil

Zutaten: *etwa 50 g Sauerteigansatz · 250 ml lauwarmes Wasser · 240 g Roggenvollkornmehl · Teig: 200 g Roggenvollkornmehl · 300 g Dinkelvollkornmehl · 500 g Weizenmehl Type 405 · 6 TL Salz · 1 TL Brotgewürz (1 Teil Korianderkörner/1 Teil Kreuzkümmel/1 Teil Fenchelsamen, im Mörser gut zerstoßen) · 1 Päckchen Trockenhefe · 750 ml lauwarmes Wasser*

Zubereitung: Am Vorabend den Sauerteigansatz mit lauwarmem Wasser gut vermischen und in 150 g Roggenmehl einrühren, mit Klarsichtfolie abdecken und über Nacht bei Zimmerwärme stehen lassen. Am nächsten Morgen 90 g Roggenvollkornmehl in den Ansatz vom Vortag untermischen, abgedeckt bis zum Abend in Zimmerwärme stehen lassen. Nun die angegebenen Mehlsorten mit dem Salz, der Trockenhefe und dem Brotgewürz gut vermischen. Den Sauerteigansatz mit 250 ml des Wassers ebenfalls gut mischen und mit dem restlichen Wasser nach und nach unter das Mehl einarbeiten. Mit Folie abdecken und mindestens 16 Stunden in den Kühlschrank (etwa 8 Grad) stellen. Am dritten Tag morgens den Teig aus dem Kühlschrank nehmen und bei Zimmertemperatur nochmals etwa 90–120 Minuten stehen lassen. Danach den Teig nicht kneten, sondern nur auseinanderziehen und wieder zusammenlegen (2-mal), dann können 2 Brote geformt werden. Man kann den Teig auch in 2 Kastenformen geben und nochmals 1 Stunde gehen lassen. Den Ofen auf 250 Grad (Umluft) vorheizen und dann 20 Minuten backen. Dann die Temperatur auf 200 Grad zurückschalten und die Brote weitere 30 Minuten weiterbacken.

Tipps & Tricks: Bitte keine Metallschüsseln oder -löffel verwenden!

Norddeutsches Schwarzbrot

Ulla Staiber, Nordheim

Zutaten: *280 g Roggen, grob geschrotet · 280 g Weizen, grob geschrotet · 2 Würfel Hefe · 1 l Buttermilch · 2 EL Rübensirup · 500 g Brotmehl Type 1050 · 250 g Körnermischung (Sesam, Leinsamen, Sonnenblumenkerne …) · 1 1/2 EL Salz · 1 Päckchen Sauerteig · Wasser*

Zubereitung: Die Hälfte des geschroteten Getreides mit warmem Wasser anrühren (dicker Brei) und etwa 20 Minuten quellen lassen. Die Hefe in lauwarmer Buttermilch auflösen und den Sirup unterrühren. Jetzt alle Zutaten in einer großen Schüssel gut verrühren und anschließend zu gleichen Teilen in zwei Kastenformen (30 cm) füllen. Der Teig muss nicht gehen! Im auf 150 Grad vorgeheizten Backofen 3 Stunden backen.

Tipps & Tricks: Das Brot sollte 24 Stunden auskühlen, bevor man es anschneidet. Die Menge reicht für zwei Kastenformen.

Fladenbrot

Heide Döringer, Bammental

Zutaten: *375 g Mehl (evtl. Pizzamehl) · 1 Päckchen Trockenhefe · 200 ml lauwarmes Wasser · 5 EL Olivenöl · 1 TL Salz*

Zubereitung: Mehl mit Trockenhefe in der Rührschüssel mischen. Lauwarmes Wasser, 2 EL Öl und das Salz dazugeben und zu einem Teig verkneten. An einem warmen Ort 30 Minuten gehen lassen. Den Teig zu einem Fladen ausrollen (Durchmesser 25 cm; wenn man ihn kleiner macht, wird er höher und luftiger), mit dem restlichen Öl beträufeln und im Backofen bei 180 Grad etwa 30 bis 40 Minuten backen.

Tipps & Tricks: Man kann in den Teig auch Kräuter der Provence, Oliven oder Sesam geben. Wenn man das Fladenbrot mit etwas bestreuen möchte (Kräuter, schwarzer Sesam, Kümmel), sollte man das Fladenbrot nicht mit Öl beträufeln, sondern mit Eigelb bestreichen. Schmeckt auch zu Gegrilltem sehr gut.

Glutenfreies Brot mit Leinsamen und Walnüssen

Andrea Rapp, Tübingen

Zutaten: *500 g glutenfreie Mehlmischung · 50 g Buchweizenmehl · 50 g Hirseflocken · 50 g Quinoaflocken · 50 g Walnüsse, gehackt · 50 g Leinsamen, geschrotet · 2 Päckchen Trockenhefe · 2 TL Salz · 630 ml lauwarmes Wasser · 1 EL Apfelessig · 1 EL Rapsöl · etwas Butter oder Margarine zum Ausfetten der Backform*

Zubereitung: Die trockenen Zutaten in einer Rührschüssel gut durchmischen. Wasser, Öl und Apfelessig mit dem Knethaken des Rührgerätes unterrühren. Etwa 5 Minuten lang weiterkneten, bis ein zäher, relativ fester Teig entstanden ist. Diesen in eine gut gefettete Backform geben und mit einem nassen Teigschaber glatt streichen. Abgedeckt an einem warmen Ort etwa 40 Minuten gehen lassen, bis sich der Teig deutlich vermehrt hat. Auf den Boden des Backofens eine kleine, hitzebeständige Schüssel stellen, Backofen auf 230 Grad Ober-/Unterhitze vorheizen. Backform mit aufgegangenem Teig auf den Gitterrost auf mittlerer Einschubhöhe in den Backofen stellen und sofort 1 Tasse kaltes Wasser in die Schüssel gießen, damit ein Dampfstoß

entsteht. Hände dabei vor der Hitze schützen. Backofentür sofort schließen. Nach 10 Minuten Backtemperatur auf 200 Grad zurückstellen und weitere 40 Minuten backen. Dann Oberfläche des Brotes mit einem Backpinsel mit Wasser bestreichen und noch 10 Minuten weiterbacken. Fertiges Brot aus der Backform auf ein Kuchengitter stürzen und abkühlen lassen.

Tipps & Tricks: Bei Zöliakiebetroffenen unbedingt auf Glutenfreiheit aller Zutaten, Arbeitsgeräte und Arbeitsflächen achten. Das Brot am besten frisch genießen oder in Scheiben einfrieren und bei Bedarf im Toaster aufbacken. Bei den Mehlen, Flocken, Nüssen und Samen kann je nach Geschmack variiert werden. Alle Zutaten sollten Zimmertemperatur haben. Der Teig kann auch mit Folie abgedeckt über Nacht im Kühlschrank in der Schüssel aufbewahrt werden und erst am nächsten Tag gebacken werden. Dann aber nicht mehr kneten. In Muffinformen verteilt, lassen sich daraus auch Brötchen backen. Dann die Backzeit auf etwa 20 Minuten verkürzen.

Brote
mit Pfiff

Schwarzbierknorz

Gerlinde Heußer, Heilbronn

Zutaten: *500 g Weizenmehl Type 550 · 320–350 ml Schwarzbier · 10 g Salz · 15 g Hefe*

Zubereitung: Mehl, Salz, Hefe und Schwarzbier in einer Schüssel gut vermischen. Den Teig mit den Knethaken des Handrührgeräts oder der Küchenmaschine etwa 5 Minuten kneten, bis er sich vom Schüsselrand löst. Mit einem sauberen Küchentuch abgedeckt mindestens 3 Stunden bei Zimmertemperatur gehen lassen. Anschließend den Teig halbieren und die Teighälften auf einer bemehlten Arbeitsfläche zu jeweils zwei 50 cm langen Teigstücken rollen, wobei die Mitte etwas dicker bleibt als die Enden. Die Enden jedes Teigstücks zusammenfügen und wie einen Korkenzieher verdrehen, sodass zwei Schwarzbierknorze entstehen. Die fertig geformten Brote auf ein Blech mit Backpapier legen, mit Mehl bestäuben und abgedeckt weitere 45 Minuten gehen lassen. Inzwischen den Backofen auf 210 Grad vorheizen (Umluft), dabei eine Metallschale mit Wasser auf die unterste Schiene oder den Boden des Ofens stellen und miterhitzen. Sobald die Temperatur erreicht ist, die Schale herausnehmen. Die Brote in den heißen Ofen (Mitte) schieben und in etwa 35 Minuten fertig backen.

Bierbrot

Sibylle Kammerer, Griesingen

Zutaten: *700 g Weizenmehl Type 1050 · 300 g Roggenmehl Type 1150 · 20 g Hefe · 20 g Salz · 150 g Kartoffelflocken (Kartoffelpüreepulver) · 20 g Natursauerteig, getrocknet · 500 ml Bier · 550 ml Wasser*

Zubereitung: Alle Zutaten in einer Knetmaschine zu einem homogenen Teig kneten (etwa 14 Minuten). Den Teig etwa 2 Stunden gehen lassen. Nun in 3 gleich große Stücke teilen und zu länglichen Broten formen. Die Brote nochmals für etwa 10 Minuten ruhen lassen und umgedreht, also mit dem Schluss nach oben, in den Ofen schieben. In den Backofen bei 250 Grad einschießen und nach 20 Minuten auf 180 Grad zurückschalten. Danach in etwa 25 Minuten fertig backen.

Tipps & Tricks: Das Rezept reicht für drei Brote à 750 Gramm.

Klosterbrot

Dora Bold, Ellwangen-Neunheim

Zutaten: *1 Päckchen Trockenhefe ·
500 g Mehl · 150 g gekochter Schinken ·
100 g Katenschinken · 250 ml warme Milch ·
80 g flüssige Butter · 40 g Zucker · 1 TL Salz ·
1 TL Gemüsebrühe · 1 TL Brotgewürz · 1 Ei ·
30 g Brotsauerteig · 100 g Parmesankäse ·
100 g geriebener Käse*

Zubereitung: Hefe in die Rührschüssel
geben, mit Mehl bedecken, den Schinken in
Würfel schneiden, die Schinkenwürfel dann
mit allen anderen Zutaten hinzufügen und
alles zu einem Teig kneten. Etwa 30 Minuten gehen lassen. In eine Form geben, bei
180 Grad etwa 40 Minuten backen.

Olivenbrot

Jutta Pilzecker, Denzlingen

Zutaten: *200 g Mehl · 1/2 Päckchen Trockenhefe · 100 ml Milch · 100 ml Olivenöl · 100 g Crème fraîche · 100 g geriebener Käse · 200 g schwarze/grüne Oliven, in feine Ringe geschnitten · 3 kleine Eier · Kräuter der Provence*

Zubereitung: Mehl und Hefe vermischen, dann restliche Zutaten hinzufügen und alles gut verkneten. Nach Geschmack kann man die gefettete Backform mit Mandelblättchen ausstreuen. Backen etwa 45 Minuten bei 175 Grad.

Tipps & Tricks: Dieses luftige Brot schmeckt auch noch nach 2 bis 3 Tagen. Erfahrungsgemäß ist es jedoch zuvor verzehrt.

Herzhaftes Bauernbrot

Marie-Luise Grau, Kaisersbach

Zutaten: *300 g Weizenmehl · 200 g Dinkelvollkornmehl · 320 g lauwarmes Wasser · 1 Würfel Hefe · 1 TL Salz · 1 Zwiebel · etwa 200 g Schinkenwürfel (z. B. Katenschinken)*

Zubereitung: Kleingeschnittene Zwiebel und Schinkenwürfel gut anbraten. Während diese abkühlen, aus den andern Zutaten einen Teig kneten, Zwiebel und Schinken unterkneten und einen Laib formen. Etwa 30 Minuten gehen lassen und im vorgeheizten Backofen bei 250 Grad 15 Minuten backen, dann bei 220 Grad noch etwa 45 Minuten fertig backen.

Gefülltes Partybrot

Renate Vogel, Alpirsbach

Zutaten: *Teig: 375 g Mehl · 1 Päckchen Trockenhefe · gut 125 ml Flüssigkeit, halb Wasser, halb Milch · Salz · Füllung: 400 g Hackfleisch · 1 Ei · 2 EL Joghurt · 1 EL Tomatenmark · 1 Zwiebel, gewürfelt · je 1 kleine rote und grüne Paprika, gewürfelt · Pfeffer · Salz · Paprikapulver · Kondensmilch zum Bestreichen · Kümmel*

Zubereitung: Aus Mehl, Hefe und den restlichen Zutaten einen Hefeteig zubereiten und zugedeckt 20 Minuten gehen lassen. Für die Füllung die Zutaten zu einem Fleischteig vermengen und 8 Kugeln formen. Den Hefeteig ebenfalls in 8 Stücke teilen und in jedes Teigstück eine Fleischkugel einrollen. Boden und Rand einer Springform einfetten, die gefüllten Brötchen mit der glatten Seite nach oben dicht an dicht hineinsetzen. Die Teigoberfläche mit Kondensmilch bestreichen und mit Kümmel bestreuen. Backzeit etwa 40 Minuten bei 225 Grad.

Tipps & Tricks: Je nach Geschmack kann man das Brot auch mit Sesam oder Leinsamen bestreuen.

Gefülltes Zwiebelbrot

Gisela Mädge, Aspach

Zutaten: *150 g Roggenmehl · 250 g Weizenmehl · 100 g feine Haferflocken · 1 Päckchen Trockenhefe · 1 Päckchen Sauerteig-Extrakt · 1 TL Salz · 125 g Zwiebelschmalz · 375 ml Wasser · Kümmel · 500 g Zwiebeln · Koriander · Oregano · etwas Wasser*

Zubereitung: Je 1 TL Kümmel und Koriander mit Roggen-, Weizenmehl und Haferflocken mischen, dann die Trockenhefe und den Sauerteig-Extrakt unter die Mehlmischung rühren. Das Salz, 75 g weiches Zwiebelschmalz und etwa 375 ml lauwarmes Wasser hinzufügen. Die Zutaten zu einem glatten Teig verarbeiten und so lange gehen lassen, bis er nahezu doppeltes Volumen hat. Den Teig nochmals durchkneten und wiederum gehen lassen. Die Zwiebeln schälen und in dünne Scheiben schneiden oder würfeln. Die zerkleinerten Zwiebeln in 50 g zerlassenem Schmalz andünsten, anschließend erkalten lassen. Das Zwiebelgemisch mit 1 TL Kümmel, 1 TL Oregano, etwas Salz und Pfeffer würzen. Backform einfetten. Den Teig zu einer rechteckigen Platte ausrollen, die Zwiebelmasse gleichmäßig darauf verteilen, anschließend die Teigplatte aufrollen und in die Backform legen. Die Form abdecken und das Ganze noch einmal etwa 30 Minuten gehen lassen. Anschließend mit Wasser bestreichen und mit etwas Kümmel bestreuen. Im vorgeheizten Backofen bei 200 Grad etwa 1 Stunde backen, dann das Brot aus der Form stürzen und nochmals kurz in den Backofen schieben.

Sauerkrautbrot

Angelika Mayle, Neuler

Zutaten: *Teig: 250 g Weizenmehl · 250 g Roggenmehl · 200 g Dinkelmehl · 200 g Haferflocken · 80 g Sauerteig · 1 Päckchen Trockenhefe · 750 ml Wasser · 3 TL Salz · 2 EL Sauerrahm · Füllung: 300 g Sauerkraut · 200 g Kochschinken · 100 g Katenschinken · 1 kleine Zwiebel · 2 Paar Saitenwürstle · 100 g Kürbiskerne*

Zubereitung: Alle Teigzutaten miteinander verkneten und gehen lassen. Den Teig dann halbieren und zu zwei Teigplatten ausrollen. Das Sauerkraut ausdrücken, Schinken und Zwiebel kleinschneiden und alles zusammen andünsten. Die Füllung auf den Teigplatten verteilen und mit den Würstchen aufrollen. Eine Form mit Margarine ausstreichen, die Brote einlegen, mit Wasser bepinseln und mit den Kürbiskernen bestreuen. Noch einmal gehen lassen. Den Ofen auf 230 Grad vorheizen. Das Brot 10 Minuten anbacken, dann den Ofen auf 200 Grad zurückschalten und nochmals 25 bis 30 Minuten backen.

Gewürzbrot

Simone Münzenmaier, Frickenhausen

Zutaten: *Vorteig: 100 g Dinkelmehl Type 1050 · 150 ml Wasser · 1 Würfel Hefe · Teig: 400 g Dinkelmehl Type 1050 · 400 g Dinkelvollkornmehl · 300 ml Buttermilch · 15 g Salz · 2 EL Kümmel · 2 EL Fenchel · 1–2 EL Anis · 500 ml Wasser*

Zubereitung: Aus Mehl, Hefe und Wasser einen Vorteig anrühren, der 3 Stunden ruhen soll. Danach zu dem Vorteig das Dinkelmehl und das Dinkelvollkornmehl, Buttermilch, Salz und die Gewürze dazugeben. Die Gewürze können vorher in einer Pfanne kurz angeröstet werden. Wer möchte, kann die Gewürze im Mörser zermahlen. Dann das Wasser zugeben, zunächst 400 ml in die Schüssel geben und den Teig mit der Hand oder mit der Küchenmaschine vermengen. Je nach Beschaffenheit des Teiges das restliche Wasser (bei Bedarf auch noch etwas mehr) dazugeben. Den Teig 20 bis 30 Minuten gehen lassen. Anschließend in ein bemehltes Gärkörbchen geben. Erneut 30 bis 40 Minuten gehen lassen. Backofen auf 230 Grad Umluft vorheizen. Backzeit 45 Minuten.

Tipps & Tricks: Alternativ kann das Brot auch mit der Hand in Form gebracht werden und dann auf das Backblech gesetzt werden.

Österliches Kräuterbrot

Gerlinde Kretschmann,
Sigmaringen

Zutaten: *500 g Weizenmehl Type 1050 · 1 TL Salz · 1 Würfel Hefe · 1 TL Zucker · 250 ml warme Milch · 80 g Butter oder Margarine · 2 Zwiebeln · Öl zum Braten · frische Kräuter nach Belieben (Schnittlauch, Petersilie, Kerbel) oder Kräutermischung aus der Tiefkühltruhe · 2 Eier · 3–4 gekochte Eier*

Zubereitung: Das Mehl mit dem Salz vermischen und in eine große Schüssel geben. Hefe mit Zucker in der Milch auflösen, 20 Minuten stehen lassen. Weiches Fett in kleine Stücke schneiden. Zwiebeln klein schneiden, in einer Pfanne mit etwas Öl glasig dünsten. Kräuter sehr klein schneiden. Eier aufschlagen.

Alle Zutaten zum Mehl geben. Etwa 10 Minuten kräftig kneten, bis ein geschmeidiger Teig entstanden ist. Zu einer Kugel formen und zugedeckt an einem warmen Ort etwa 45 Minuten gehen lassen. Danach den Teig nochmals kurz durchkneten, in eine Kastenform geben. Gekochte Eier schälen und vorsichtig in gleichmäßigen Abständen in den Teig stecken. Eier vollständig mit Teig bedecken. Nochmals an einem warmen Ort etwa 20 Minuten gehen lassen. Das Kräuterbrot im vorgeheizten Ofen bei 200 Grad Ober-/Unterhitze 40 bis 45 Minuten backen.

Tipps & Tricks: Dieses leckere Brot gibt es bei uns an Ostern. Man kann die gekochten Eier auch weglassen und stattdessen Speckwürfel hineingeben.

Herzhaftes Kräuterbrot

Waltraud Henn, Aalen

Zutaten: *200 g Vollkornmehl · 200 g Weizenmehl · 1 TL Salz · 2 TL Backpulver · 50 g Margarine · 300 g Joghurt · 1 Bund Schnittlauch, fein gehackt · 1 Bund Petersilie, fein gehackt · 100 g geriebener Käse · 80 g Schinkenwürfel*

Zubereitung: Den Backofen auf 200 Grad vorheizen. Die Kastenform fetten und mehlen. Mehl, Salz und Backpulver mischen. Margarine und Joghurt dazugeben und mit dem Knethaken des Rührgerätes zu einem Teig verarbeiten. Kräuter und Käse hinzufügen und den Teig mit den Händen gut durchkneten. Teig in die Form füllen, den Schinken aufstreuen und 35 bis 40 Minuten backen.

Tipps & Tricks: Das Rezept ist für eine Kastenform von 30 cm Länge ausgelegt.

Baguette-Variationen

Barbara Münzenmaier, Neuffen

Zutaten: *600 g Mehl Type 450 · 2 TL Salz · 1 TL Zucker · 1 Würfel Hefe · 20 ml Öl · 320 ml lauwarmes Wasser · etwa 4–5 entsteinte Oliven · etwa 40 g Röstzwiebeln · etwa 40 g geriebener Käse*

Zubereitung: Aus den Zutaten einen geschmeidigen Hefeteig herstellen. Den Teig in drei Teile aufteilen – in den ersten Teil die entsteinten Oliven, in den zweiten die Röstzwiebeln und in den dritten Teil den geriebenen Käse unterkneten. Die Teige zu Strängen formen und etwa 30 Minuten gehen lassen. Mit Wasser bestreichen und bei 220 Grad etwa 20 Minuten backen.

Tipps & Tricks: Man kann auch den kompletten Teig auswellen und mit einer Masse aus 80 g Butter, 3 bis 4 durchgedrückten Knoblauchzehen, 1/2 TL Salz und 60 g geriebenem Emmentaler bestreichen und aufrollen.

Camembert-Zwiebel-Brot

Marlies Hinzer, Seewald-Allmandle

Zutaten: *485 g Weizenmehl Type 550 · 1 EL Olivenöl · 1 TL Trockenhefe · 1 TL Salz · 2 EL Honig · 1/2 TL Senfpulver · 250 ml lauwarmes Wasser · 1 EL Butter · 1 EL Olivenöl · 1 große rote Zwiebel, fein gehackt · 1 ganzer Camembert (etwa 250 g, Ø 10 cm) · 1 verquirltes Ei*

Zubereitung: Mehl, Olivenöl, Hefe, Salz, Honig und Senfpulver mit dem Wasser verrühren. 15 Minuten gehen lassen. Mit bemehlten Händen gut durchkneten und klopfen, nochmals 10 Minuten gehen lassen. Teig zu einem kreisrunden Fladen ausrollen, der so groß ist, dass der Camembert darin eingehüllt werden kann. Den Käse in die Mitte des Teigkreises setzen. Butter und Olivenöl zwischenzeitlich erhitzen. Die Zwiebelstücke darin weich und glasig dünsten. Abkühlen lassen. Abgekühlte Zwiebel auf den Käse geben. Teigränder mit etwas verquirltem Ei bestreichen und dann über dem Camembert zusammenschlagen. Die Teigränder festdrücken. Das Brot auf ein leicht geöltes und bemehltes Blech legen und mit eingeölter Frischhaltefolie abdecken. An einem warmen Ort nochmals 15 Minuten gehen lassen. Den Backofen auf 200 Grad vorheizen. Den gut aufgegangenen Teig mit dem restlichen Ei bestreichen. 25 Minuten backen, bis das Brot goldbraun und knusprig ist. Danach 15 Minuten abkühlen lassen.

Tipps & Tricks: Dieses Brot sollte warm gegessen werden.

Rieslingbrot

Claudia Steinbrenner, Weinsberg

Zutaten: *3 Eier · 150 g Mehl · 1/2 Päckchen Backpulver · 100 ml trockener Riesling · 100 ml Rapsöl oder Olivenöl · 200 g geriebener Emmentaler · 200 g gewürfelter Speck · 1 Glas Oliven · Schnittlauch · Petersilie · getrocknete Tomaten*

Zubereitung: Eier, Mehl, Backpulver, Riesling und Öl zu einer Creme verrühren. Nun die restlichen Zutaten unterheben, in eine gefettete, normal große Kastenform geben und bei Umluft (175 Grad) etwa 60 bis 70 Minuten backen.

Priskas Walnussbrot

Priska Teufel, Straßberg

Zutaten: *440 g Wasser · 1/2 Würfel Hefe · 30 g Zuckerrübensirup · 500 g Weizenmehl Type 550 · 120 g Weizenmehl Type 1050 · 80 g Roggenmehl Type 1150 · 15 g Öl · 15 g Salz · 1 1/2 TL Backmalz · 100 g Walnüsse*

Zubereitung: Alle Zutaten in einer Schüssel etwa 10 Minuten kneten. Zum Schluss die Walnüsse kurz unterkneten. In einer bemehlten Schüssel 1 Stunde gehen lassen. Aus der Schüssel nehmen und etwa 6-mal falten, das heißt, den Teig plattdrücken und die rechte Seite über die linke Seite legen. Wieder plattdrücken und zusammenfalten. Den Teig in einen nicht gewässerten, aber gefetteten Römertopf geben, mit Mehl bestäuben und einschneiden. Mit Deckel in den kalten Ofen stellen und 1 Stunde bei 240 Grad (Umluft) backen. Dann 10 Minuten ohne Deckel und bei ausgeschalteter Temperatur nachbräunen lassen.

Tipps & Tricks: Nach dem Backen den Deckel des Römertopfes leicht schräg aufsetzen (undicht) und das Brot etwa 5 bis 10 Minuten so abkühlen lassen.

Rustikales Bauernbrot mit Walnüssen

Tobias Hock, Mössingen

Zutaten: *500 g Roggenmehl Type 1150 · 200 g Weizenmehl Type 1050 · 200 g Dinkelmehl Type 630 · 750 ml lauwarmes Wasser · 24 g Hefe · 150 g gemahlenes/geriebenes altes Brot · 150 g reifer Sauerteig · 120 g gehackte Walnüsse · 70 g Joghurt · 3 EL Essig · 25 g Salz · 1 TL gemahlener Koriander · 1 TL gemahlener Fenchel · 1 TL gemahlener Kümmel*

Zubereitung: Alle Zutaten bis auf das Wasser und die Hefe in eine Schüssel geben. Die Hefe in lauwarmem Wasser auflösen und hinzufügen. Alles 12 bis 15 Minuten zu einem straffen, glatten Teig verkneten. Anschließend den Teig mit Folie luftdicht abgedeckt an einem warmen Ort 50 Minuten gehen lassen, sodass dieser sein Volumen deutlich vergrößern kann. Danach den Teig in zwei Hälften teilen, diese jeweils ausstoßen/falten und anschließend zu Laiben formen. Die Laibe auf ein mit Backpapier oder Dauerbackfolie ausgelegtes Blech legen und noch mal 15 Minuten ruhen lassen. Den Ofen auf 250 Grad vorheizen. Das Brot auf der untersten Schiene einschieben und beschwaden (mit dem Wäschesprüher drei bis vier feine Wassernebel-Stöße Leitungswasser in den Backraum geben). Nach 17 Minuten die Temperatur auf 200 Grad senken und die Ofentüre kurz offen halten, sodass die feuchte Luft entweichen kann und eine knusprige, splitternde Kruste entsteht. Mit der Klopfprobe prüfen, ob das Brot fertig gebacken ist: Auf die Unterseite klopfen; wenn das Brot sich hohl anhört, ist es fertig. Auf einem Gitter auskühlen lassen.

Tipps & Tricks: Zeitbedarf insgesamt etwa 2 1/2 Stunden.

Anis-Wirbelrad

Yvonne Weirauch, Remshalden

Zutaten: *250 g Roggenmehl · 100 g Weizenmehl · 150 g Roggenvollkornmehl · 30 g Hefe · etwa 375 ml lauwarmes Wasser · 1 TL Zucker · 1/2 EL Salz · 3 TL Anis · 1 Ei zum Bestreichen*

Zubereitung: Das vermischte Mehl in eine Schüssel geben. Hefe kleinbröckeln, mit dem Zucker in etwas Wasser auflösen und in das Mehl einrühren. Das Salz auf den Mehlrand streuen, einen Teil des Anis und das restliche Wasser beifügen und alles zu einem mittelfesten Teig schlagen. Den Teig an einem warmen Ort etwa 20 Minuten gehen lassen. Dann auf einer bemehlten Fläche nochmals kurz durcharbeiten und etwa 14 gleich große Teile schneiden, zu Rollen formen und daraus dann zwei Wirbelräder (je ein Teil für die Mitte und je 6 Teile als Flügel, wie bei einem Kinderwindrad) zusammensetzen. Mit Ei bestreichen, mit dem restlichen Anis bestreuen. Nochmals 15 Minuten gehen lassen und dann im vorgeheizten Backofen bei 200 Grad backen.

Honig-Lavendel-Brot

Diana Günther, Östringen-Odenheim

Zutaten: *300 g Roggenmehl · 200 g Weizenmehl · 15 g Sauerteigextrakt · 25 g Hefe · 10 g Salz · 350 ml lauwarmes Wasser · 2 EL Lavendelblüten · 30 g Honig*

Zubereitung: Alle Zutaten in eine Schüssel geben und gut kneten. 45 Minuten an einem warmen Ort ruhen lassen. Noch einmal durchkneten und zu einem Brotlaib formen. Mit Mehl bestäuben und auf ein mit Backpapier ausgelegtes Backblech legen. 90 Minuten ruhen lassen. Nun Oberfläche mehrmals einschneiden. Backofen (nur Unterhitze) auf 220 Grad vorheizen, eine flache Schüssel mit 300 ml Wasser unten in den Backofen stellen. Brot 10 Minuten backen. Nun Temperatur auf 200 Grad reduzieren, bei Ober- und Unterhitze goldbraun fertigbacken.

Focaccia

Zutaten: *Teig: 300 g Mehl · 20 g Hefe · 1 TL Zucker · 175 ml Wasser, lauwarm · 4 EL Olivenöl · 1 TL Salz · Belag: 15 schwarze Oliven, entsteint · etwas Kräutersalz (alternativ: mediterrane Kräutermischung)*

Zubereitung: Mehl in eine Schüssel sieben. In die Mitte eine Mulde eindrücken, Hefe einbröseln, mit Zucker bestreuen und mit dem Wasser etwas verrühren. Abdecken und etwa eine Viertelstunde gehen lassen.

Danach vom Olivenöl 1 EL abnehmen und zusammen mit dem Salz in das Mehl geben. Alles zu einem geschmeidigen Teig verkneten, diesen dann abgedeckt etwa eine Stunde ruhen lassen. Anschließend den Teig durchkneten, erneut abdecken und nochmals 20 Minuten gehen lassen.

Ein Blech mit Backpapier auslegen. Die Arbeitsfläche mit Mehl bestäuben, den Teig darauf zu einem Rechteck (etwa 1 cm dick) ausrollen. Diese Teigplatte auf das vorbereitete Blech legen. Oliven halbieren und in möglichst gleichmäßigen Abständen in den Teig drücken, alles mit Kräutersalz oder Kräutermischung bestreuen und noch 15 Minuten ruhen lassen. Inzwischen den Backofen auf etwa 220 Grad vorheizen.

Anschließend 2 EL Olivenöl mit dem Backpinsel auf der Teigplatte verstreichen und diese zunächst 10 Minuten backen. Danach das restliche Olivenöl aufstreichen und die Teigplatte backen, bis sie schön braun geworden ist. Das dauert nur noch etwa 8 bis 10 Minuten.

Die so gebackene Focaccia aus dem Ofen nehmen, abkühlen lassen und dann in möglichst gleichmäßige Stücke schneiden. Oder als ganze Teigplatte (evtl. auf einem großen Küchenbrett) servieren, so kann sich jeder Gast nach Gusto ein Stück abbrechen.

Tipps & Tricks: Focaccia in kleine Quadrate schneiden und jeweils ein Salatblatt auflegen. Darauf mit Zahnstochern je eine Scheibe Parmaschinken und eine Cocktailtomate fixieren, fertig ist das etwas andere italienische Fingerfood.

Pikantes Ciabatta

Anja Schultz, Dettingen an der Iller

Zutaten: *500 g Mehl Type 405 · 350 ml Wasser oder Tomatensoße · 10 g Salz · 10 g Hefe · Olivenöl · Oliven oder Schafskäse*

Zubereitung: Mehl, Wasser oder Tomatensoße, Salz, Hefe und 50 ml Olivenöl zu einem Teig kneten und erst ganz zum Schluss Oliven oder Schafskäse zugeben. Den Teig zugedeckt 1 Stunde gehen lassen. Eine etwas größere Schüssel mit reichlich Olivenöl ausstreichen. Den Teig etwas ruhen lassen, danach mit nassen Händen durchfalten, in die geölte Schüssel legen und über Nacht in den Kühlschrank stellen. Am Morgen den Teig auf die bemehlte Arbeitsfläche kippen. Nun mit dem Teigschaber gleichmäßige Teile abstechen und auf das Backblech geben. Backofen auf 250 Grad vorheizen, Ciabattas einschieben und etwa 15 bis 20 Minuten backen.

Focaccia

Gertraude Haubner, Ettlingen

Zutaten: *1/2 Würfel Hefe · 1 TL Salz · etwa 500 g Mehl Type 405 oder 420 g Dinkelmehl Type 640 · 50 g Kartoffelpüreepulver · etwa 500 ml warmes Wasser · 6 Cocktailtomaten oder 12 Mini-Cocktailtomaten · Oregano · Olivenöl aus dem Sprüher*

Zubereitung: Hefe in 2 EL kaltem Wasser auflösen und nach und nach das Salz, Mehl oder Dinkelmehl und Kartoffelpüreepulver dazugeben und dabei stets mit warmem Wasser mischen, sodass ein dickflüssiger Teig entsteht; diesen schlagen, bis er Blasen wirft. Abgedeckt gehen lassen, bis sich die Menge verdoppelt hat (etwa 30 Minuten). Diese dickflüssige Teigmenge auf ein geöltes Backblech geben, mit geölter Hand auf dem Blech verteilen. Cocktailtomaten jeweils am Strunk einritzen. Saft über den Teig verteilen und die Tomätchen in kleinen Stücken auf den Teig legen. Oregano und Salz darüberstreuen, mit Olivenöl besprühen und wieder etwas ruhen lassen. Backofen auf 220 Grad vorheizen, mindestens 30 bis 50 Minuten (je nach Backofen) hellbraun backen.

Tipps & Tricks: Die Focaccia sollte oben und unten knusprig sein. Besonders gut schmeckt sie, wenn man das Blech mit Butter einfettet statt mit Öl.

Rosmarin-Focaccia mit Walnüssen

Elisabeth Rieker, Neuler

Zutaten: *300 g Mehl Type 405 · 1 Päckchen Trockenhefe · 1/2 TL Salz · 150 ml lauwarmes Wasser · 4 EL Olivenöl · 60 g Walnüsse, gehackt · 50 g Parmesan, gerieben · 3–4 große Knoblauchzehen, fein gehackt · 4 EL frischer, gehackter Rosmarin · 2 EL Olivenöl · grobes Meersalz · Pfeffer*

Zubereitung: Mehl mit Trockenhefe und Salz mischen. Wasser und Olivenöl zugeben und alles mit den Knethaken des Handrührgerätes zu einem glatten Teig verarbeiten. Abgedeckt an einem warmen Ort 30 bis 40 Minuten gehen lassen. Walnüsse mit Parmesan, Knoblauch und Rosmarin mischen. Gut die Hälfte der Walnussmischung unter den Teig kneten. Teig 10 Minuten ruhen lassen, dann in zwei Portionen teilen. Backblech mit Backpapier auslegen. Teigportionen aufs Blech legen und flachdrücken. Abgedeckt 20 bis 30 Minuten gehen lassen. Mit den Fingerspitzen kleine Löcher in den Teig drücken. Olivenöl darüberträufeln und mit wenig Meersalz und Pfeffer bestreuen. Restliche Walnussmischung darübergeben und leicht andrücken. Im vorgeheizten Backofen bei 200 bis 220 Grad etwa 20 Minuten backen.

Süßer Genuss

Schwäbisches Kranzbrot

Maria Kramer, Dornstadt

Zutaten: *100 g Rosinen · 3 EL Zwetsch-genwasser oder Rum · 500 g Dinkelmehl Type 630 · 250 ml Milch · 20 g frische Hefe · 50 g Zucker · 60 g weiche Butter · 1 Prise Salz · 1 Ei · 1/2 TL Anis, gemahlen · 1 Päckchen Vanillezucker · abgeriebene Schale einer kleinen Zitrone · 1 Eigelb · 1 EL Milch · gehobelte Mandeln*

Zubereitung: Am Vortag die Rosinen in Zwetschgenwasser oder Rum einweichen. Aus etwas Mehl (etwa 150 g), der Hälfte der Milch, der Hefe und 1 EL Zucker einen Vorteig machen und gehen lassen. Den Vorteig mit dem Mehl mischen. Dann den restlichen Zucker, Butter, Salz, die restliche Milch, das Ei, Anis, Vanillezucker und die Zitronenschale dazugeben und gut kneten. Teig ruhen lassen, bis er sich verdoppelt hat. Dann zu einem Zopf flechten. Nochmals gehen lassen. Vor dem Backen das Eigelb mit 1 EL Milch verquirlen und den Zopf damit bestreichen und mit gehobelten Mandeln bestreuen. Den Zopf bei Umluft bei 160 Grad etwa 30 Minuten goldgelb backen.

Tipps & Tricks: Das Rezept stammt von meiner Schwiegermutter, die für ihr schwäbisches Kranzbrot bekannt war.

Weihnachtlicher Hefekranz

Herta Pfau, Leutenbach

Zutaten: *750 g Weizenmehl Type 405 · 1 Würfel Hefe · 375 ml Milch · 100–150 g Zucker · 1 Päckchen Vanillezucker · etwas Zitronenschale · 1 Msp Kardamon · 100 g Butter · 3–4 EL Sahne · 2 Eigelb · 100 g abgezogene, blättrig geschnittene Mandeln · 100 g helle und dunkle, in Rum eingeweichte Rosinen · 100 g gehackte Mandeln · etwas Puderzucker zum Bestäuben*

Zubereitung: Mehl in eine Schüssel sieben, die Hefe in lauwarmer Milch auflösen und in der Mitte des Mehls etwas verrühren und aufgehen lassen. Dann alle übrigen Zutaten (außer den gehackten Mandeln und dem Puderzucker) dazugeben, zu einem glatten Teig kneten und nochmals gehen lassen. Dann den Teig auf ein bemehltes Brett geben und in drei Teile teilen. Diese zu drei längeren Strängen kneten, in den gehackten Mandeln wälzen und zu einem Kranz flechten. Auf ein mit Backpapier belegtes Blech legen und bei 175 bis 180 Grad etwa 30 Minuten backen. Nach dem Auskühlen mit Puderzucker bestäuben.

Cranberry-Hefezopf

Iris Schneider, Andelfingen

Zutaten: *800 g Weizenmehl Type 550 · 100 g Amaranth-Vollkornmehl · 100 g Weizenvollkornmehl · 30 g Hefe · etwas Wasser · etwas Zucker · etwa 250 ml Milch · 2 Eier · 90 g Butter · 90 g Schweineschmalz · 3 TL Feinbackwürze · 1 TL Salz · 120 g brauner Zucker · 100 ml Sahne · 1 Handvoll Cranberrys, getrocknet und gezuckert · nach Geschmack getrocknete Berberitzen · Sahne-Wasser-Gemisch zum Bestreichen*

Zubereitung: Die Mehlsorten mischen. Die Hefe in Wasser mit etwas Zucker auflösen, eine Mulde ins Mehl machen, aufgelöste Hefe einrühren und 10 Minuten gehen lassen. Dann die restlichen Zutaten gut unterkneten. Teig gründlich kneten und 1 Stunde bei Raumtemperatur oder über Nacht im Kühlschrank gehen lassen. Teig in sechs Portionen teilen, diese zu langen Strängen formen und zu zwei Zöpfen flechten. Nochmals kurz gehen lassen. Mit Sahne-Wasser-Gemisch bestreichen. Bei 200 Grad 30 bis 45 Minuten backen.

Tipps & Tricks: Feinbackwürze macht Hefeteig interessanter im Geschmack.

Reutlinger Mutschel

Sieglinde Erz, Reutlingen

Zutaten: *1 kg Mehl · 50 g Hefe · 500 ml lauwarme Milch · 20 g Salz · 100 g Zucker · 200 g Butter · etwas Eigelb oder Kondensmilch*

Zubereitung: Das Mehl in eine Schüssel geben. Aus Hefe, etwas Milch und Mehl in der Mitte einen Vorteig herstellen. Nach dem Gehenlassen die anderen Zutaten (bis auf das Eigelb oder die Kondensmilch) untermengen und alles zu einem ziemlich festen Teig verarbeiten, sonst verliert die Mutschel beim Backen ihre Form. Ein Sechstel des Teiges für die Verzierung beiseitestellen. Aus dem restlichen Teig eine Kugel formen, etwas flachdrücken und vom Rand her in gleichmäßigen Abständen 8-mal einschneiden, sodass durch Herausziehen (wie bei einem Stern) acht Zacken entstehen. In der Mitte bleibt ein Buckel. Aus dem restlichen Teig ein Kränzchen flechten und um den Buckel herumlegen. Mutschel auf das Backblech legen, gehen lassen, mit Eigelb oder Kondensmilch bestreichen und hellbraun backen. Backzeit: etwa 25 Minuten bei 200 Grad.

Tipps & Tricks: Dessertgebäck zum Kaffee oder Tee, traditionell in den Reutlinger Gasthäusern auch zu Wein oder zu Bier und Wurstsalat.

Neujahrsbrezel

Marianne Kröger, Bad Peterstal-Griesbach

Zutaten: *500 g Mehl Type 405 · je 1 TL Salz und Zucker · 1 Ei · 150 g Butter · 1/2 Würfel Hefe · etwa 200 g lauwarme Milch · 1 Ei · etwas Salz · etwas Milch*

Zubereitung: Mehl, Salz, Zucker, ein Ei, Butter, Hefe und die Milch in der Küchenmaschine zu einem geschmeidigen Teig verkneten und 30 bis 40 Minuten gehen lassen. Danach eine dicke Brezel formen, auf ein Backblech legen und nochmals 45 Minuten gehen lassen. Ein Ei mit etwas Salz und Milch verrühren und die Brezel damit bestreichen. Backen im vorgeheizten Backofen bei 180 Grad Ober- und Unterhitze etwa 35 bis 40 Minuten.

Tipps & Tricks: Ei, Salz und Milch verrührt, ergibt auf dem Gebäck einen schönen Glanz. Alternativ kann man den Teig auch in einer Form backen oder aus ihm Martinsbrezeln backen.

Brioche

Susanne Ott, Neu-Ulm-Pfuhl

Zutaten: *450 g Mehl · 1/2 Würfel Hefe · 80 ml Wasser · 1 gehäufter EL Zucker (nach Geschmack auch gerne mehr) · 1 TL Salz · 160 g Butter · 1 Ei Größe M · 1 Eiweiß · Zum Bestreichen: 1 Eigelb · etwas Milch · Hagelzucker*

Zubereitung: Mehl in eine Schüssel geben. In der Mitte eine Mulde formen und die Hefe hineinbröseln. Das Wasser und etwas Zucker zugeben und verrühren, bis sich die Hefe aufgelöst hat. Anschließend die Hefe mit etwas Mehl vom Rand bedecken, danach 10 Minuten ruhen lassen. Nach der ersten Ruhezeit wird das Salz, der restliche Zucker und die Butter auf dem Rand verteilt, das Ei und das Eiweiß dazugegeben und nun muss der Teig 8 bis 10 Minuten mit der Küchenmaschine verknetet werden. Danach den Teig auf einer leicht bemehlten Arbeitsfläche zu einer Kugel formen und wieder in die Schüssel geben, wo er abgedeckt an einem warmen Ort etwa 60 bis 90 Minuten gehen muss (etwa bis zur doppelten Größe). Danach teilt man den Teig in 7 gleichmäßige kleine Stücke, die anschließend zu Kugeln geformt werden. Diese legt man mit etwas Abstand in eine Backform mit 24 cm Durchmesser (bitte den Boden mit Backpapier auslegen) und lässt sie abgedeckt nochmal 20 Minuten ruhen. In der Zwischenzeit wird der Ofen auf 160 Grad Ober-/Unterhitze vorgeheizt und die Eistreiche angerührt. Hierzu das Eigelb mit etwas Milch verquirlen und nach der Ruhezeit vorsichtig auf die Teiglinge streichen. Wer möchte, kann etwas Hagelzucker darübergeben. Die Backzeit beträgt etwa 30 bis 35 Minuten.

Osterknoten

Rolf Blöchle, Dornhan

Zutaten: *1 kg Weizenmehl Type 550 · 60 g Hefe · 20 g Salz · 160 g Zucker · 400 g Butter · 3 Eier · etwa 330 ml Milch · abgeriebene Zitronenschale · Vanillezucker · 350 g Sultaninen · 100 g Mandelstifte · 100 g Zitronat oder Orangeat · 1 verquirltes Ei · Hagelzucker nach Belieben*

Zubereitung: Alle Zutaten außer Sultaninen, Mandeln, Zitronat, verquirltem Ei und Hagelzucker in der Teigknetmaschine gut kneten. Teig etwa 10 Minuten ruhen lassen, dann Sultaninen, Mandeln und Zitronat kurz unterkneten und nochmals etwa 15 Minuten ruhen lassen. Den Teig mit dem Teigabstecher in drei gleich große Stücke teilen (jeweils etwa 880 g), rundwirken, langrollen und aus den Teigsträngen drei Knoten flechten. Backblech mit Dauerbackfolie belegen, die Knoten darauflegen und zugedeckt an einem warmen Ort etwa 50 bis 60 Minuten gehen lassen. Mit Eistreiche bestreichen, mit Hagelzucker bestreuen und in den vorgeheizten Backofen schieben. Ofentemperatur 190 Grad, Backzeit etwa 40 bis 45 Minuten.

Tipps & Tricks: Das Rezept reicht für drei Osterbrote à 750 g. Die Sultaninen kann man einige Stunden in etwas Rum einweichen.

Flachswickel

Isolde Bauer, Spiegelberg

Zutaten: *250 g Butter · 2 Eier · ein wenig Salz · 500 g Mehl · 1 Würfel Hefe · 4 EL lauwarme Milch*

Zubereitung: Butter und Eier schaumig rühren, Salz und Mehl unterkneten. Hefe in der lauwarmen Milch auflösen und unter den Teig kneten. Teig gehen lassen. Dann kleine Stangen rollen, die in Hagel- oder grobem Kristallzucker gewälzt werden. Diese als Wickele auf ein mit Backpapier ausgelegtes Blech setzen und bei guter Mittelhitze (etwa 175 Grad) etwa 20 Minuten backen.

Tipps & Tricks: Ein typisches schwäbisches Traditionsgebäck.

Weggen

Renate Pries-Vollmer, Nordrach

Zutaten: *500 g Mehl · 1 Würfel Hefe · etwa 250 ml Milch · 2 EL Zucker · etwas Salz · 50 g Margarine · 1 Ei · 400 g Rosinen · 1 Eigelb, mit etwas Sahne verquirlt*

Zubereitung: Mehl in eine Schüssel geben und eine Mulde bilden. Die Hefe darin zerbröseln, mit etwas warmer Milch und etwas Zucker ansetzen. Das Salz, den restlichen Zucker, Margarine, Milch und Ei an den Rand geben. Warten, bis der Vorteig aufgegangen ist, dann alles mit dem Knethaken vermengen. Zuletzt die gewaschenen und getrockneten Rosinen unterziehen. Der Teig muss sehr weich sein. Den Teig zugedeckt ruhen lassen, bis er gut aufgegangen ist. Er sollte immer noch klebrig sein. Anschließend von Hand leicht kneten, zu einem länglichen Laib formen und auf ein Blech legen. Nochmals zudecken und gehen lassen. Dann mit Eigelb und Sahne bestreichen. Im vorgeheizten Backofen bei 180 bis 200 Grad etwa 30 bis 45 Minuten backen.

Tipps & Tricks: Das Rezept stammt aus dem Münsterland, dort wird der Weggen oft bei der Geburt eines Kindes gebacken und mitgebracht.

Ulmer Zuckerbrot

Irene Kraut-Ried, Neu-Ulm

Zutaten: *500 g Mehl · 20 g Hefe · 50 g Butter · 1 Ei · 100 g Zucker · 1 Msp Salz · 1 TL Anis oder Fenchel · 2 EL Rosenwasser · 250 ml Milch*

Zubereitung: Aus den Zutaten einen Hefeteig zubereiten, kräftig kneten und anschließend gehen lassen. Dann 1 cm dick ausrollen und zusammenklappen. Nun werden breite Streifen geschnitten, zu kleinen Dampfnudeln geformt und mit der Teigrolle ein wenig gedrückt, sodass Vierecke entstehen. Diese in eine Kastenform setzen. Nun wird noch in der Mitte über die ganze Länge mit dem Messer ein Mittelscheitel gezogen und ab geht's in den Backofen. Etwa 60 Minuten bei 190 Grad backen. Darauf achten, dass das Brot hell bleibt. Ist das Brot fertig (Stäbchenprobe), noch heiß mit Wasser bestreichen.

Tipps & Tricks: Wenn Sie genau nach diesen Angaben das Ulmer Zuckerbrot backen, das wir immer mit Butter zum Frühstück oder auch zum Nachmittagskaffee servieren, kann nichts schiefgehen. Es hört sich supersüß an (Zuckerbrot), ist aber nur im Gegensatz zum normalen Brot süß. Rosenwasser gibt es in der Drogerie oder Apotheke.

Schokoladenbrot

Peter Thum, Großbottwar

Zutaten: *450 g Mehl Type 405 · 25 g Kakaopulver · 1 TL Salz · 1 Päckchen Trockenhefe · 25 g brauner Zucker · 1 EL Öl · 300 ml lauwarmes Wasser*

Zubereitung: Eine 20 bis 25 cm lange Kastenform leicht einfetten. Mehl und Kakao in eine große Schüssel sieben. Salz, Trockenhefe und Zucker unterrühren. Öl und Wasser zugeben und alles zu einem festen Teig verarbeiten. Den Teig auf einer leicht bemehlten Arbeitsfläche etwa 5 Minuten glattkneten. In eine eingefettete Schüssel geben, abdecken und an einem warmen Ort etwa 1 Stunde gehen lassen, bis sich sein Volumen verdoppelt hat. Den aufgegangenen Teig noch einmal kurz durchkneten, in die vorbereitete Form geben und weitere 30 Minuten an einem warmen Ort gehen lassen. Anschließend in einem auf 200 Grad vorgeheizten Ofen 25 bis 30 Minuten backen.

Tipps & Tricks: Leicht getoastet und gebuttert schmeckt dieses Brot besonders köstlich.

Magenbrot

Hildegard Hadek, Hüttlingen

Zutaten: *250 g Zucker · 1 Ei · 1 Prise Nelken · 250 g Weizenmehl · 250 g Roggenmehl · 1 Päckchen Backpulver · 125 ml Milch · Guss: 500 g Zucker · 6 EL Kakao · 12 EL Wasser*

Zubereitung: Zucker und Ei 15 Minuten schaumig rühren, dann die übrigen Zutaten dazugeben und einen Teig kneten. Aus dem Teig werden 2 bis 3 cm dicke Rollen in der Länge des Backblechs gemacht und auf dem Blech nicht zu eng nebeneinander 20 Minuten bei 160 Grad (nicht länger, sonst wird das Magenbrot hart) gebacken. Noch heiß schräg in Scheiben schneiden. Die Zutaten für den Guss in einem großen Topf verrühren und kurz aufkochen. Nun die Teigabschnitte portionsweise in den Guss geben, dass sie ganz damit überzogen sind. Mit einem Schaumlöffel vorsichtig herausheben und in ein Haarsieb legen. Aus dem Haarsieb einzeln herausnehmen und auf Backpapier legen und trocknen lassen. Die einzelnen Stücke sollten sich dabei nicht berühren.

Süßes Walnussbrot

Inge Fischer,
Neunkirchen

Zutaten: *250 g Weizenmehl · 2 1/2 TL Back-pulver · 2 TL löslicher Pulverkaffee · 1/2 TL Salz · 150 g weiche Butter oder Margarine · 3 Eier · 150 g brauner Zucker · 150 g grob gehackte Walnüsse · 3–4 EL Milch*

Zubereitung: Alle Zutaten zu einem Teig verarbeiten und 3 bis 5 Minuten kräftig schlagen. Danach in eine mit Backpapier ausgelegte Kastenform füllen. Etwa 1 Stunde bei 180 Grad backen.

Kürbis-Rosinenbrot

Adelheid Schur,
Heilbronn

Zutaten: *250 g Kürbisfleisch · 125 ml Milch · 300 g Weizenmehl Type 405 · 200 g Weizenschrot · 1 EL Fenchelsamen · 1/2 TL Zimt · 1 EL geriebene Zitronenschale · 1 EL Ingwerpulver · 50 g Butter · 20 g Hefe · 100 g Honig · 100 g Rosinen · Außerdem: 50 g Mehl zum Verkneten · Fett für die Form · je 1 EL flüssige Butter und flüssiger Honig*

Zubereitung: Kürbisfleisch würfeln und in der Milch gar kochen. Anschließend pürieren. Mehl, Weizenschrot, Fenchelsamen sowie Zimt, Zitronenschale und Ingwer in eine Schüssel geben und eine Mulde eindrücken. Butter, Hefe und Honig in die Mehlmulde geben. Lauwarme Kürbismilch an den Rand gießen und Rosinen zufügen. Zu einem glatten Teig verkneten. Zugedeckt an einem warmen Ort 30 Minuten gehen lassen. Eine Kastenform einfetten und mit Mehl ausstreuen. Teig mit dem restlichen Mehl verkneten und in die Form geben. Backofen auf 220 Grad vorheizen. Inzwischen den Teig ein weiteres Mal aufgehen lassen. Auf der Mittelschiene etwa 60 Minuten backen. Ab und zu mit Butter und Honig bestreichen.

Berliner Brot

Claudia Pohoriley,
Stuttgart-Zuffenhausen

Zutaten: *50 g Butter · 3 Eier · 335 g Puderzucker · 125 g Mandeln · 220 g Mehl · 3 EL Kakao · 1 TL Zimt · je 1 Msp Nelken und Hirschhornsalz · Glasur: 1 Eiweiß · 125 g Puderzucker · Saft von 1/2 Zitrone*

Zubereitung: Für den Teig Butter mit Eiern und gesiebtem Puderzucker gut schaumig rühren. Mandeln fein reiben und Mehl sieben. Beides zusammen mit den übrigen Zutaten zu einem Teig vermischen. Den Teig auf ein gefettetes, bemehltes Backblech 1 bis 2 cm dick aufstreichen, dann im vorgeheizten Backofen (200 Grad/Stufe 3) etwa 30 Minuten backen und noch warm in Rauten schneiden. Für die Glasur das Eiweiß steif schlagen und fein gesiebten Puderzucker sowie Zitronensaft vorsichtig untermengen. Nach dem Erkalten der Rauten diese mit der Glasur bestreichen.

Tipps & Tricks: Berliner Brot entfaltet sein volles Aroma erst nach einigen Wochen Lagerzeit.

Hutzelbrot nach Mutters Art

Gertrud und Konrad Kienle,
Sigmaringen-Laiz

Zutaten: *12 gedörrte Birnen · 12 gedörrte Zwetschgen · 25 g Hefe · 1 1/2 kg Weizenmehl · 250 g Sultaninen · 250 g Rosinen · 250 g abgezogene, grob geschnittene Mandeln · 250 g Haselnusskerne · fein geschnittene Schale einer Zitrone (über Nacht in kaltes Wasser gelegt) · 125 g grob geschnittene Feigen · 50 g fein geschnittenes Zitronat · 50 g fein geschnittenes Orangeat · 15 g Salz · 20 g Zimt · 4 g gestoßene Gewürznelken*

Zubereitung: Birnen entkernen, Zwetschgen entsteinen, beides in Wasser weichkochen und das Kochwasser auffangen. Aus der Hefe, etwas Mehl und einem Teil des abgekühlten Kochwassers einen Vorteig machen. Ist dieser gut gegangen, knetet man den Teig wie anderes Brot, fügt den Rest der lauwarmen Brühe bei und lässt den Teig wieder gut gehen (ganz wichtig!). Jetzt mit allen übrigen Zutaten mischen und tüchtig kneten. Nochmal mindestens 1 Stunde gehen lassen. Laibe formen und bei 175 Grad 50 bis 60 Minuten – je nach Größe der Laibe –backen.

Tipps & Tricks: Dieses Hutzelbrot gibt es bei uns nur an Weihnachten.

Schnitzbrot

Iris Preisenhammer,
Leutenbach

Zutaten: *etwa 700–800 g Dörrobst (selbst getrocknete Zwetschgen, Birnen, Äpfel) · 200–500 g Nüsse (Walnüsse, Haselnüsse, Mandeln) · eventuell Feigen · Hefeteig: 250 ml Schnitzbrühe · 1 Würfel Hefe · 500 g Mehl (die Hälfte davon Dinkelvollkorn fein)*

Zubereitung: Dörrobst am Tag vor dem Backen mit Wasser bedecken und einweichen. Wenn man gekauftes Dörrobst hat, je nach Feuchtigkeit nicht oder nur kurz einweichen. Am Backtag das Wasser beziehungsweise die Schnitzbrühe abgießen und auffangen. Für den Teig die Zutaten gut vermischen, kneten und gehen lassen. In der Zwischenzeit Dörrobst kleinschneiden. In einer großen Schüssel Dörrobst und Nüsse unter den Teig mischen, nochmals gehen lassen. Kleinere oder größere Laibe formen. Bei 200 Grad etwa 20 bis 30 Minuten je nach Größe der Laibe backen. Kurz vor Ende der Backzeit oder gleich nach dem Backen mit Schnitzbrühe bestreichen.

Tipps & Tricks: Meine Mutter backte nach dem Krieg oft mit ganz wenig Dörrobst Schnitzbrot, es war für uns Kinder trotzdem gut.

Wittgensteiner Früchtebrot – weihnachtliche Art

Juliane Vees, Eutingen-Weitingen, Präsidentin LandFrauenverband Württemberg-Hohenzollern

Zutaten: *125 g Haselnüsse · 60 g Mandeln · 125 g Feigen · 250 g Rosinen · 125 g Zitronat und/ oder Orangeat · 3 Eier Größe L · 125 g Zucker, fein · 1 Päckchen Vanillezucker · 125 g Weizenmehl · 1 TL Backpulver · 1/2 TL Zimt · 2 EL Rum oder 1/2 Fl. Rumaroma*

Zubereitung: Die Nüsse und die Mandeln grob hacken, es ist auch möglich, sie ganz zu lassen. Feigen in grobe Stücke schneiden. Rosinen, Nüsse, Mandeln, Feigen und Zitronat beziehungsweise Orangeat in eine größere Schüssel geben, den Rum gleichmäßig darübergeben, einziehen lassen. Die Eier mit dem Zucker und Vanillezucker dick schaumig rüh-

ren. Das Mehl mit dem Backpulver und dem Zimt sieben und vorsichtig unter die Eier-Zucker-Masse heben. Den Teig über die Nüsse und Trockenfrüchte geben und mit einem Teigschaber unterheben. Die Masse in eine mit Backpapier ausgelegte Kastenform geben. Auf der zweiten Schiene von unten bei 180 Grad Ober-und Unterhitze oder 170 Grad Umluft etwa 70 bis 80 Minuten backen.

Tipps & Tricks: Das ist ein Rezept aus meiner westfälischen Heimat. Das Früchtebrot kann schon Ende November gebacken werden und bleibt, in Alufolie gewickelt, sehr lange frisch! Es sollte ein paar Tage ruhen, bevor es geschnitten und verzehrt wird, sonst bröckelt das Früchtebrot gern.

Früchtebrot

Michael Branik und Harry Ulrich,
SWR4-Konditormeister

Zutaten: *200 g Dörraprikosen ·*
100 g Dörrpflaumen · 200 g Cran-
berrys · 60 g Mandelsplitter, gerös-
tet · 3 Eier · 80 g Zucker · 1 Prise
Salz · 1 Päckchen Vanillearoma ·
1 Msp Zimtpulver · 60 g Hagebutten-
konfitüre · 2 cl Rum · 110 g Hasel-
nüsse, gemahlen · 160 g Mehl ·
6 g Backpulver · etwas Fett

Zubereitung: Kastenform (etwa
30 x 11 cm) etwas fetten, dann Backpapier passend zuschneiden und die
Form damit auslegen. Backofen mit
190 Grad vorheizen. Aprikosen und
Pflaumen in kleine Stückchen schneiden, anschließend mit den Cranberrys mischen. Mandelsplitter in einer
Pfanne ohne Fett kurz rösten, mit den
Früchten gründlich vermengen und
dann alles zur Seite stellen.

Die Eier mit Zucker, Salz und
Vanillearoma sehr schaumig schlagen. Nach etwa 10 bis 15 Minuten
wird die Masse richtig cremig, dann
kommen zunächst Zimt, Hagebutten-
konfitüre und Rum dazu. Anschließend die Haselnüsse gut untermischen, das klappt am besten mit der
Küchenmaschine.

Mehl zusammen mit Backpulver
in diese Masse sieben und gründlich
einarbeiten. Zum Schluss die zurück-
gestellte Frucht-Mandel-Mischung
zügig und gleichmäßig unterheben,
dann alles in der vorbereiteten Form
verteilen und bei 180 bis 190 Grad
(eine Schiene unter der Mitte) etwa
55 Minuten backen.

Tipps & Tricks: Die Backzeit kann
man nicht genau angeben, sie hängt
stark von der Restfeuchtigkeit in
den Trockenfrüchten und von der
Größe der Backform ab. Gut möglich,
dass der Vorgang bis zu 70 Minuten
dauert. Machen Sie auf jeden Fall die
Stäbchenprobe! Falls das Früchtebrot
gut gebräunt, aber noch nicht durch
ist, decken Sie es für die restliche
Backzeit mit etwas Backpapier ab.
Danach das Früchtebrot kurz abkühlen lassen, dann einen Blechdeckel
auflegen und drehen. Kastenform
und Backpapier abziehen, mit Hilfe
eines Kuchengitters das Früchtebrot
zurückdrehen und alsbald genießen.

Doibächer Herbstlaible

Dieter Stegmaier, Schwäbisch Gmünd

Zutaten: *Sauerteig: 250 g Roggenvoll-kornmehl · 250 g Wasser · 25 g Anstellgut (Roggen) · Kochstück: 35 g Roggenmehl Type 1050 · 165 g Birnensaft · 9 g Salz · 200 g Haselnüsse · 200 g Maronen (oder Walnüsse) · Hauptteig: 315 g Roggenmehl Type 1050 · 100 g Kastanienmehl · 550 g Weizenmehl Type 550 · 30 g Honig · 13 g Salz · 3 g Hefe · etwa 600 g warmes Wasser*

Zubereitung: Die Zutaten für den Sauerteig verrühren und bei Zimmertemperatur 20 Stunden stehen lassen. Für das Kochstück das Roggenmehl mit dem Birnensaft und dem Salz zu einer breiartigen Masse einkochen. Mit Frischhaltefolie direkt auf der Oberfläche abdecken und mindestens 8 Stunden auskühlen lassen. In der Zeit die Haselnüsse und Maronen rösten und abkühlen lassen. Für den Hauptteig den Sauerteig und das Kochstück mit den restlichen Zutaten mischen und etwa 5 bis 6 Minuten auf Stufe 1 kneten. Die Nüsse und Maronen in der letzten Minute zugeben. Den Teig in einer Schüssel zugedeckt etwa 90 Minuten gehen lassen. Dann den Teig (etwa 2700 g) rundwirken und mit dem Schluss nach oben in einen Gärkorb setzen. Den Backofen mit Ober– und Unterhitze auf 250 Grad aufheizen und das Brot mit Schluss nach unten auf einen Brotschieber kippen. Damit das Brot nicht aufreißt, sollte man es mit einem Kochlöffel vier- bis fünfmal stupfen. Dann ab in den Ofen. Gut schwaden (Wasserdampf) nicht vergessen. Nach etwa 2 Minuten die Ofentür etwas öffnen und den Dampf entweichen lassen. Das Brot folgendermaßen backen: Bei 250 Grad 15 Minuten fallend auf 200 Grad, dann 50 Minuten fallend auf 190 Grad, dann noch 30 Minuten. Das ergibt eine Gesamtbackzeit von 95 Minuten.

Tipps & Tricks: Anstellgut bezeichnet den Grundstock zum Ansetzen von Sauerteig. Man kann ihn fertig kaufen oder auch selbst herstellen. Beim Rundwirken knetet man den Teig so lange mit dem Handballen von außen nach innen, bis ein glatter, runder Teigballen entstanden ist.

Apfelbrot

Inge Rickert, Knittlingen

Zutaten: *750 g Äpfel · 200 g Zucker · 250 g Rosinen · 500 g Mehl · 1 1/2 Päckchen Backpulver · 1 Päckchen Vanillezucker · 200 g Nüsse (Hasel- oder Walnüsse) · 2 EL Rum · 1 TL Zimt · 1/2 TL Nelken · 1 EL Kakao*

Zubereitung: Äpfel schälen und reiben. Mit Zucker und Rosinen über Nacht ziehen lassen. Am nächsten Tag Mehl und alle anderen Zutaten (Nüsse zur Hälfte gemahlen, die andere Hälfte ganz lassen) mit den durchgezogenen Äpfeln vermischen. Den Teig in eine Kastenform füllen und bei 200 Grad etwa 1 Stunde backen.

Tipps & Tricks: Das fertige Apfelbrot am besten in Alufolie einschlagen und ein, zwei Tage stehen lassen, damit es gut durchziehen kann. Dann schmeckt es erst richtig gut. Das Rezept ist von meiner Oma, ich backe es immer in der Adventszeit.

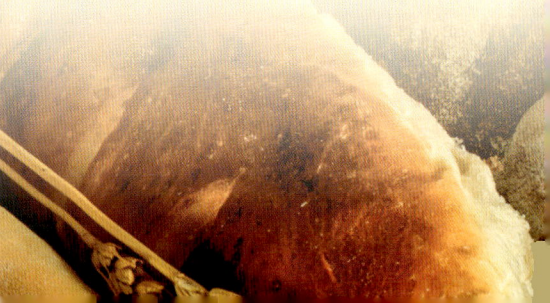

Süßener Apfelbrot

Renate Dürner, Süßen

Zutaten: *1 kg Äpfel · 1 Zitrone · 180 g Zucker · 200 g Rosinen · 150 g ganze Haselnüsse · 1 EL Kakao · 1 EL Rum · 1/2 Päckchen Lebkuchengewürz · 700 g Mehl · 2 Päckchen Backpulver*

Zubereitung: Die Äpfel entkernen, kleinschneiden und mit dem Saft der Zitrone beträufeln. Zucker, Rosinen, Nüsse, Kakao, Rum und das Lebkuchengewürz untermengen und alles über Nacht stehen lassen. Nun mit Mehl und Backpulver zu einem Teig kneten. 3 bis 5 Laibe formen und bei 175 Grad 1 Stunde backen.

Tipps & Tricks: Anstatt mit Haselnüssen gelingt das Rezept auch bestens mit grob gehackten Walnüssen.

Saftiges Bananenbrot

Brigitte Brenner, Niederstotzingen

Zutaten: *100 g Walnusskerne · 4 sehr reife Bananen · 250 g Mehl · 1 Päckchen Vanillezucker · 1 1/2 TL Backpulver · 1 Prise Salz · 175 g brauner Zucker · 2 Eier Größe M · 100 ml Sonnenblumenöl · 100 ml Buttermilch · eventuell Puderzucker*

Zubereitung: Walnusskerne hacken. Bananen in eine Schüssel geben und mit einer Gabel zerdrücken. Eine Kastenform (etwa 30 cm) fetten und mit Mehl großzügig ausstäuben. Mehl, Vanillezucker, Backpulver und Salz in einer Schüssel mischen. Bananen, Zucker, Eier, Öl und Buttermilch nach und nach dazugeben und mit dem Schneebesen des Rührgeräts zu einem glatten Teig verrühren. Zum Schluss die gehackten Nüsse unterrühren. Teig in die vorbereitete Kastenform füllen und darin glatt streichen. Im vorgeheizten Backofen bei 175 Grad 50 bis 55 Minuten backen. Kuchen aus dem Ofen nehmen, abkühlen lassen und nach etwa 20 Minuten stürzen. Auskühlen lassen. Nach Geschmack mit Puderzucker bestäuben.

Tipps & Tricks: Das köstliche Bananenbrot schmeckt zum Frühstück genauso gut wie zum Nachmittagskaffee.

Brezel, Weckle & Co.

Seelen

Michael Branik und Elsbeth Rieke,
Hauswirtschaftsmeisterin, Ravensburg

Zutaten: *600 g Kernenmehl (halb Dinkel, halb Weizen) · 1 1/2 TL Salz · 1/4–1/3 Würfel Hefe · etwa 400 ml kaltes Wasser · grobes Salz · Kümmel · etwas Fett*

Zubereitung: Die Hefe in einer Tasse zerbröseln und etwas kaltes Wasser zugießen. Diesen Vorhefel an der Seite der Rührschüssel dem Mehl zugeben. Danach das restliche Wasser zugießen und so lange kneten, bis der Teig nicht mehr an der Schüssel klebt. Dann alles 4 bis 5 Stunden gehen lassen. Die Teigmasse nun in 8 Einzelstücke teilen und diese länglich auf Kuchenblechbreite formen, anschließend aufs eingefettete Backblech legen. Die Finger mit Wasser benetzen und diese so genannten Rohseelen vorsichtig glätten. Nun je nach Belieben mit grobem Salz und Kümmel bestreuen. Die Fettauffangpfanne auf den Boden des Backofens stellen und mit etwa 1 1/2 l Wasser befüllen. Den Backofen auf höchster Stufe Ober-/Unterhitze vorheizen, dann die Rohseelen einschießen. Nach etwa 5 bis 8 Minuten die Fettauffangpfanne mit dem restlichen Wasser entfernen und die Seelen weitere 17 bis 20 Minuten fertigbacken.

Dinkel-Seelen

Georg Sontheimer,
Friedrichshafen-Schnetzenhausen

Zutaten: *1100 g Dinkelmehl Type 630 · 750 ml kaltes Wasser · 20 g Hefe · 20 g Salz · grobes Salz · Kümmel*

Zubereitung: Die Zutaten in eine große Schüssel geben, glattkneten, bis sich der Teig von der Schüssel löst. Den relativ weichen Teig etwa 1 Stunde bei Raumtemperatur gehen lassen. Dann nochmals kurz durchkneten, Hände vorher befeuchten. Anschließend zur Gare in den Kühlschrank oder in einen kalten Raum stellen. Etwa 3 Stunden – oder etwas länger – gehen lassen. Ab und zu kontrollieren, eventuell 1 bis 2 Mal runterschlagen. Nach der Kühlgare nochmals etwa 1/2 bis 1 Stunde bei Raumtemperatur gehen lassen. In der Zwischenzeit das Blech mit Backpapier belegen. Ofen auf höchste Temperatur einstellen. Mit feuchten Händen Seelen formen, mit Salz und Kümmel bestreuen. Nicht mehr gehen lassen, sondern sofort in den heißen Ofen schieben. Ergibt je nach Seelengröße 2 bis 3 Bleche, also etwa 6 Stück. Nach etwa 18 bis 20 Minuten bei 240 Grad Ober-/Unterhitze sind die Seelen fertig.

Briegel

Anita Schreckenhöfer,
Stuttgart

Zutaten: *1 kg Mehl · 2 Päckchen Trockenhefe oder 1 Würfel Hefe · 3 TL Salz · 750 ml warmes Wasser · Salz und Kümmel zum Bestreuen*

Zubereitung: Aus den Zutaten einen Teig kneten und ihn für 2 Stunden in den Kühlschrank stellen. Danach esslöffelgroße Portionen abstechen und auf ein Backblech legen. Mit Wasser bestreichen und mit Salz und Kümmel bestreuen. Erst bei 175 Grad etwa 20 Minuten backen, danach bei 200 Grad noch etwa 10 Minuten weiterbacken.

Brötchen auf die Schnelle

Corinna Reichert, Osterburken

Zutaten: *350 g Mehl · 1 Päckchen Backpulver · 1 TL Salz · 200 ml Vollmilch · 50 ml Öl · 1 Ei · 1 TL Zucker*

Zubereitung: Alles gut verkneten. Teig mit 2 Löffeln zu Kugeln formen, auf ein mit Backpapier belegtes Blech setzen. Nach Belieben mit Sesam, Haferflocken oder Mohn bestreuen. 15 Minuten auf 220 Grad Ober-/Unterhitze backen.

Sonntagsbrötchen

Traude Jauch, Neuenbürg

Zutaten: *250 g Mehl · 250 g Quark · 1 Ei · 1 Päckchen Backpulver*

Zubereitung: Die Zutaten gut miteinander verkneten. Teig 10 Minuten ziehen lassen. Dann daraus Brötchen formen. Bei 200 Grad 20 Minuten backen.

Tipps & Tricks: Nach Belieben in den Teig oder auf die geformten Teiglinge Kümmel, Sesam, Sonnenblumenkörner, Zwiebeln oder anderes geben.

Kräuterbrötchen

Brigitte Adam, Gernsbach

Zutaten: *500 g Mehl Type 550 · 1 Würfel Hefe · 1 gestrichener TL Zucker · etwa 250 ml warme Milch · 2 TL Salz · 8 EL Öl · 1 kleingeschnittene große Zwiebel · 1 Bund kleingeschnittener Schnittlauch · 1 Bund kleingeschnittene Petersilie · 1 gestrichener TL gemahlener Kümmel · Zum Bestreichen 1 Eigelb und etwas Milch*

Zubereitung: Aus den Zutaten einen Hefeteig herstellen und gehen lassen. Dann eine Rolle formen und je nach gewünschter Größe in 12 bis 15 Stücke schneiden. Daraus Kugeln formen, nochmal kurz gehen lassen. Eigelb und etwas Milch verrühren, die Brötchen damit bestreichen. Im vorgeheizten Backofen bei 220 Grad etwa 15 Minuten backen.

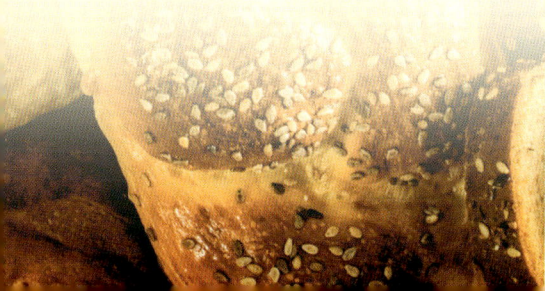

Kartoffelbrötchen

Ute Schmid, Heilbronn

Zutaten: *400 g gekochte Kartoffeln · 600 g Mehl · 1 Würfel Hefe · 1 TL Salz · 1 TL Brotgewürz · 100 g geräuchter Bauchspeck*

Zubereitung: Die Kartoffeln durch ein Sieb drücken, Mehl, zerbröckelte Hefe, Salz und Brotgewürz zugeben und alles gut durchkneten. Geräuchten Bauchspeck in Würfel schneiden, anrösten und zum Teig geben. Den Teig gehen lassen. Bei 220 Grad 20 bis 30 Minuten backen.

Tipps & Tricks: Das Rezept ergibt 14 bis 16 Brötchen. Anstatt des Specks kann man auch Mohn, Sesam, Kümmel oder Pfefferkörner verwenden.

Fluffige Laugenecken

Stefanie Glaser, Bad Wurzach

Zutaten: *1/2 Würfel Hefe · 1 TL Zucker · 320 ml lauwarmes Wasser · 500 g Weizenmehl Type 550 · 2 gestrichene TL Salz · 30 g weiche Butter · Mehl zum Bestäuben · etwa 50 g weiche Butter zum Bestreichen · 50 g Natron · Körner- und Saatenmischung*

Zubereitung: Hefe und Zucker im Wasser auflösen. Das Mehl mit dem Salz, der Butter und dem Hefewasser mit den Knethaken des Handrührers zu einem geschmeidigen Teig verarbeiten. Mindestens 5 Minuten gut durchkneten. Den Teig mit etwas Mehl zu einer Kugel formen, in eine Schüssel geben und mit einem Tuch abdecken. Über Nacht im Kühlschrank oder 2 Stunden an einem warmen Ort gehen lassen. Den Teig in 6 Portionen teilen und zu Kugeln formen. Diese auf einer bemehlten Arbeitsfläche nacheinander kreisrund (etwa 24 cm Durchmesser) ausrollen. Die Scheiben dünn mit Butter bestreichen und aufeinanderlegen. Die oberste Lage nicht mehr mit Butter bestreichen. Die gestapelten Teigplatten für 15 Minuten in den Kühlschrank geben. 1 1/2 l Wasser in einem großen Topf zum Kochen bringen. Das Natron hinzugeben.

Den Teigplattenstapel wie eine Torte in 8 Teigecken schneiden. Nacheinander je eine Teigecke auf die Schaumkelle legen und für etwa 45 Sekunden in die köchelnde Natronlauge halten. Herausnehmen, kurz abtropfen lassen und auf ein mit Backpapier ausgelegtes Backblech legen. Mit Körner- und Saatenmischung bestreuen. 30 Minuten an einem warmen Ort ruhen lassen. Den Backofen auf 240 Grad vorheizen. Die Laugenecken für 15 Minuten backen, bis sie schön braun sind.

Tipps & Tricks: Das Rezept reicht für 8 Laugenecken.

Dinkel-Laugenweckle

*Gabriele Speck,
Neuenstadt-Cleversulzbach*

Zutaten: *1 kg Dinkelmehl · 1 Würfel Hefe · 80 g weiche Butter · 20 g Schmalz · 25–30 g Salz · 600 ml lauwarmes Wasser · Brezellauge aus der Apotheke · sehr grobes Salz*

Zubereitung: Aus Mehl, Hefe, Butter, Schmalz, Salz und Wasser einen Hefeteig bereiten. Kurz gehen lassen. Teig in Portionen einteilen und zu Weckle formen. Nochmals gehen lassen. Da die Teigstücke schnell zerfallen, wenn man sie so in die Lauge tunkt, erst in den Gefrierschrank geben, bis sie fest sind. Brezellauge in eine Glasschüssel füllen. Hierbei unbedingt immer mit Handschuhen arbeiten! Weckle in Lauge tauchen und mit grobem Salz bestreuen. Ofen auf 250 Grad vorheizen, nach 5 bis 8 Minuten Weckle hineingeben. Bei 220 Grad 20 bis 25 Minuten backen.

Tipps & Tricks: Dauerbackfolie auf das Blech legen, das Blech würde durch die Lauge rosten, eine Einmalfolie klebt am Gebäck fest.

Laugenweckle

*Susanne Eilber,
Loßburg*

Zutaten: *1 Würfel Hefe · 280 ml lauwarmes Wasser · 500 g Weizenmehl Type 550 · 30 g Butter · 2 TL Honig · 2 TL Salz · 50 g Natron · 1 l kaltes Wasser*

Zubereitung: Die Hefe im lauwarmen Wasser auflösen. Weizenmehl, Butter, Honig und Salz dazugeben und alles zu einem glatten Teig verkneten. 10 Brötchen formen und 15 Minuten ruhen lassen. Das Natron ins kalte Wasser geben und aufkochen. Die Brötchen 1 Minute darin baden, anschließend auf ein mit Backpapier ausgelegtes Blech legen. Im vorgeheizten Backofen bei 200 Grad Ober-/Unterhitze 20 bis 25 Minuten backen.

Tipps & Tricks: Wer Käse-Laugenweckle haben möchte, kann nach 10 Minuten Backzeit etwas Streukäse über die Weckle geben.

Laugenbrezeln

Waltraud Ostertag,
Abtsgmünd

Zutaten: *500 g Mehl Type 550 · 1 Päckchen Trockenhefe · 1/4 TL Zucker · 350 ml lauwarme Milch · feines Salz · 1 1/2 l Wasser · 2 EL Natron · grobes Salz zum Bestreuen*

Zubereitung: Mehl mit Trockenhefe und Zucker vermischen, Milch und etwas Salz dazugeben und einen Hefeteig kneten. Zugedeckt etwa 45 Minuten ruhen lassen, bis sich das Volumen etwa verdoppelt hat. Teig auf einer bemehlten Fläche noch einige Male durchkneten und zu einer etwa 20 cm langen Rolle formen. Aus der Rolle etwa 10 Stücke schneiden und diese zu langen Strängen rollen, die zu Brezeln geformt werden. In einem Topf etwa 1 1/2 l Wasser mit 2 EL Haushaltsnatron aufkochen und 10 Minuten sprudelnd kochen lassen. Nacheinander die Brezeln in die kochende Lauge geben und etwa 20 bis 30 Sekunden kochen lassen. Dabei die Brezeln immer wieder untertauchen. Danach mit einem Schaumlöffel herausnehmen und abtropfen lassen. Die gekochten Brezeln auf ein gefettetes oder mit Backpapier ausgelegtes Blech legen und mit grobem Salz bestreuen. Bei 180 Grad 25 bis 30 Minuten backen. In der Zeit die restlichen Brezeln kochen und abtropfen lassen und danach backen. Das zweite Blech braucht ein paar Minuten weniger.

Tipps & Tricks: Das Rezept ergibt 10 Brezeln.

Dinkel-Nuss-Weckle

Isolde Bauer, Spiegelberg

Zutaten: *250 g Quark (20 %) · 1 Ei · 100 ml lauwarmes Wasser · 100 ml Öl · 1 1/2 TL Salz · 375 g Dinkelmehl Type 630 · 75 g Dinkelschrot · 1 1/2 Packungen Weinsteinbackpulver · 200 g grob gehackte Haselnüsse*

Zubereitung: Quark, Ei, Wasser, Öl und Salz gut verquirlen und mit Dinkelmehl, Dinkelschrot und dem Weinsteinbackpulver verkneten. Die Haselnüsse dazugeben. Teig auf gut bemehlter Arbeitsfläche zu einer Rolle formen, in 12 Stücke teilen. Weckle in Kipfform kneten. Auf Backpapier bei vorgeheiztem Ofen bei 175 Grad Ober-/Unterhitze etwa 25 bis 30 Minuten backen.

Tipps & Tricks: Das Rezept ergibt 12 Weckle.

Emmerbrötchen

Manuela Seifriz, Dotternhausen

Zutaten: *240 g fein gemahlener Emmer · 600 g Dinkelmehl Type 630 · 100 g Kürbiskerne · 100 g Sonnenblumenkerne · 15 g Salz · 15 g Butter · 15 g Backmalz · 15 g Hefe · 620 ml Wasser*

Zubereitung: Alle Zutaten 10 Minuten in der Knetmaschine zu einem geschmeidigen Teig kneten. Den Teig 1 Stunde abgedeckt bei Raumtemperatur gehen lassen. Den Teig auf einer bemehlten Arbeitsfläche zu mehreren dicken Teigsträngen formen. Mit der Hand vorsichtig flachdrücken. Etwa 70 g schwere Brötchen abstechen. Auf ein mit Dauerbackfolie belegtes Blech legen und zugedeckt für eine gute Stunde gehen lassen. Den Backofen auf 200 Grad vorheizen, die Brötchen mit Wasser befeuchten und 15 bis 20 Minuten backen.

Tipps & Tricks: Die Zutaten reichen für 24 Emmerbrötchen.

Körnerweckle

Angelika Schaffran, Engstingen

Zutaten: *170 g Brotmehl Type 1150 ·
10 g Frischhefe · 100 ml warme Milch ·
50 g Sonnenblumenkerne · 50 g Sesam ·
1/2 TL Salz · 20 g weiche Butter · etwas Milch
zum Bestreichen · verschiedene Körner*

Zubereitung: Das Mehl in eine Schüssel
sieben und in die Mitte eine Mulde eindrücken. Die Hefe in etwas warmer Milch auflösen und in die Mulde schütten. Zugedeckt
etwa 15 Minuten ruhen lassen. Die Körner,
Salz, die in Stücke geschnittene Butter und
die restliche Milch dazugeben und alles zu
einem glatten Teig kneten. Den Teig schlagen, bis er Blasen wirft. Nochmals zugedeckt
30 bis 40 Minuten ruhen lassen. Den Teig in
6 Stücke teilen und zu Kugeln formen. Noch
einmal abdecken und weitere 10 Minuten
ruhen lassen. Den Backofen auf 200 Grad
(Umluft 180 Grad) vorheizen. Die Teigku-
geln mit Milch bestreichen, mit Körnern
bestreuen, auf der mittleren Schiene 20 bis
25 Minuten backen.

Joghurtbrötchen mit Körnern

Eleonore Hug,
Merdingen

Zutaten: *450 g Weizenmehl Type 1050 · 150 g Dinkelvollkornmehl · 1/2 Würfel Hefe · 1 Prise Zucker · etwas lauwarme Milch · 1 TL Chiasamen · 1–2 EL gemischte Körner · 2 TL Salz · 200 g Naturjoghurt · 50 g flüssige Butter · Mehl zum Ausrollen · Sesam zum Bestreuen · Fett fürs Backblech*

Zubereitung: Mehl gut vermischen, eine Mulde machen. Die zerbröckelte Hefe mit dem Zucker und etwas lauwarmer Milch vermischen, in die Mulde geben und mit etwas Mehl einen Vorteig machen. Danach die restlichen Zutaten zugeben und alles verkneten. Falls der Teig zu fest ist, noch etwas lauwarme Milch zugeben. Zugedeckt etwa 30 Minuten gehen lassen. Nochmals durchkneten. Den Teig auf etwas Mehl zu einer Rolle formen und in 15 bis 20 Stücke teilen. Jedes Teigstück zu einer Kugel formen. Auf ein leicht gefettetes Backblech setzen, kreuzweise einritzen, mit Sesamsamen bestreuen und die Brötchen nochmals 15 Minuten gehen lassen. Inzwischen den Backofen auf 220 Grad vorheizen. Die Brötchen in etwa 20 bis 25 Minuten goldbraun backen.

Tipps & Tricks: Falls vorhanden, einen Dampfbackofen verwenden. Die Brötchen lassen sich gut einfrieren. Als Abwandlung kann man auch gehackte Walnüsse und fein gestiftete Karotten unter den Teig kneten und dann ein Baguette formen. Es eignet sich gut als Beilage zum Grillen.

Ochsenbacher Mitschele

Annette Gummer-Rimmele,
Sachsenheim-Ochsenbach

Zutaten: *1 kg Weizenmehl Type 405 · 230 g Margarine · 30 ml Öl · 500 ml Milch · 20 g Salz · 1 Würfel Hefe · 1 TL Zucker · Kümmel und Salz zum Bestreuen*

Zubereitung: Aus den Zutaten einen geschmeidigen Teig herstellen und an einem warmen Ort 1 Stunde ruhen lassen. Von dem Teig 80 g schwere Teigstücke abstechen, zu glatten, ovalen Bobbele formen und diese etwa 15 Minuten gehen lassen. Anschließend die Teiglinge mit beiden Händen nehmen, zusammendrücken, wieder etwas auseinanderziehen und in der Mitte plattdrücken, so dass ein Schiffle entsteht. Danach nochmals 15 Minuten gehen lassen. Mit Ei bestreichen und schräg je dreimal tief einschneiden, so dass sich die Einschnitte kreuzen. Mit Salz und Kümmel bestreuen und 20 Minuten bei 180 Grad Ober-/Unterhitze goldbraun backen.

Tipps & Tricks: Das Rezept ergibt 20 Stück. Die Mitschele passen gut zu Wein.

Reutlinger Kimmicher

Sieglinde Erz,
Reutlingen

Zutaten: *750 g Weizenmehl Type 1050 · 375 ml Wasser · 5 EL Öl · 10–17 g Kümmel je nach Geschmack · 1 Würfel Hefe · 1 EL Salz*

Zubereitung: Alle Zutaten, bis auf das in etwas Wasser aufgelöste Salz, zu einem Teig verkneten. Zum besseren Start des Hefeteigs die Hefe in lauwarmem Wasser mit etwas Mehl und Ahornsirup zuvor kurz ansetzen (etwa 5 Minuten). Teig an einem warmen Ort 45 Minuten gehen lassen. Dann durchkneten, eventuell noch etwas Mehl zugeben. Noch 2-mal 45 Minuten gehen lassen und dann durchkneten. Beim dritten Mal Durchkneten das Salzwasser zugeben, dann nochmals 45 Minuten gehen lassen. Ofen auf 240 Grad Ober-/Unterhitze vorheizen. Von dem Teig mit nassen Händen tennisballgroße Stücke formen und mit der Handkante kurz in der Mitte einschlagen, so dass eine Sollbruchstelle entsteht. Das Aufplatzen beim Backen sorgt für das typische Aussehen. Nun bei 240 Grad etwa 20 bis 30 Minuten backen.

Tipps & Tricks: Kurz vor Ende der Backzeit etwas Wasser auf die Kimmicher streichen, dann wird die Kruste besser.

Schweizer Bürli

Marie-Luise Kärcher, Illingen

Zutaten: *400 g Weizen- oder Dinkelmehl · 100 g Roggenmehl · 1/2 Würfel Hefe, 2 TL Salz · 340 ml lauwarmes Wasser*

Zubereitung: Alle Zutaten zu einem Teig verarbeiten. Den Teig in eine Schüssel geben und über Nacht im Kühlschrank gehen lassen. Mit einem bemehlten Löffel Häufchen abstechen und auf ein Backblech setzen. Im vorgeheizten Ofen etwa 20 Minuten bei 250 Grad backen.

Knusprige Sesam-Buttermilchhörnchen

Marianne Hefler, Schwäbisch Hall

Zutaten: *350 g Weizenmehl Type 550 · 350 g Dinkelmehl Type 630 · 1 Würfel Hefe · 1 TL Honig oder Rübenkraut · 500 ml lauwarme Buttermilch · 12 g Salz · 1 Eigelb · etwas Milch · ungeschälter Sesam oder Mohn zum Bestreuen*

Zubereitung: In das Mehl eine Mulde machen, die Hefe reinbröckeln, darüber den Honig oder das Rübenkraut und einen Teil der warmen Buttermilch geben und einen Vorteig herstellen. Dann restliche Buttermilch und das Salz zugeben. Alles kneten, bis sich der Teig von der Schüssel löst, und dann gehen lassen, bis er sich verdoppelt hat. Den Teig in drei gleichmäßige Stücke teilen, zu Kugeln formen und anschließend auf etwa 30 cm Durchmesser auswellen. Eigelb mit etwas Milch vermischen, auf die drei Teigplatten streichen, Sesam oder Mohn daraufstreuen und eventuell etwas andrücken. Mit dem Pizzaschneider die Teigplatten jeweils in 8 Teile teilen. Jedes Teil umdrehen und von der breiten Seite zu einem Hörnchen rollen. Auf ein mit Backpapier belegtes Blech geben. Nochmal 20 Minuten gehen lassen. Etwa 25 Minuten bei 185 Grad Ober-/Unterhitze backen.

Tipps & Tricks: Man kann die Hörnchen auch ohne Sesam backen oder andere Körner darüberstreuen. Die Hörnchen lassen sich gut einfrieren.

Badische Winzerschnecken

*Rosa Karcher, Achern-Oberachern,
Präsidentin LandFrauenverband
Südbaden*

Zutaten: *Teig: 400 g Mehl ·
200 ml Milch · 15 g Hefe · 1/2 TL Salz ·
5 EL Öl · Füllung: 300 g geräucherter
Bauchspeck · 3–4 Zwiebeln · 1 Bund
Petersilie*

Zubereitung: Mehl in eine Schüssel geben, Milch in einem Kochtopf erwärmen. Die Hefe in die lauwarme Milch bröckeln. Alle weiteren Teigzutaten mit einem Handrührgerät zu einem festen und geschmeidigen Hefeteig kneten. Den Teig an einem warmen Ort etwa 30 Minuten gehen lassen. Für die Füllung alle Zutaten fein schneiden und in einer Pfanne andünsten. Den gegangenen Hefeteig etwa 1/2 cm dick zu einem Rechteck auswellen und mit der Füllung bestreichen. Die Teigplatte der Länge nach aufrollen und etwa 2 cm dicke Scheiben abschneiden. Auf ein mit Backpapier ausgelegtes Backblech legen, nochmals 10 Minuten gehen lassen. Bei 180 Grad etwa 15 bis 20 Minuten backen.

Speckweckle

Sieglinde Haßler, Freiburg im Breisgau

Zutaten: *450 g Mehl · 1 1/2 Päckchen Backpulver · 375 g Quark · 9 EL Öl · 12 EL Milch · 1 1/2 TL Salz · 1 1/2 TL Zucker · Pfeffer · 150 g Röstzwiebeln · 150 g geriebener Käse · 150 g Speckwürfel*

Zubereitung: Zuerst Mehl und Backpulver gut vermischen, dann nach und nach alle übrigen Zutaten mit den Knethaken des Handrührers untermischen. Nicht zu große Bällchen formen, da sie beim Backen größer werden. Auf ein Backblech auf Backpapier setzen und etwa 30 bis 35 Minuten bei 180 bis 200 Grad Ober-/Unterhitze backen.

Käseknauzen

Claudia Schmidberger, Ummendorf

Zutaten: *700 g Mehl · 150 g geriebener Käse · 1–2 TL Salz · 200 ml kalte Milch · 1 Würfel Hefe · 300 ml heißes Wasser*

Zubereitung: Alle Zutaten zu einem glatten Teig verrühren. Mindestens 1 Stunde gehen lassen. Mit nassen Händen Wecken formen, nochmals gehen lassen. Bei 200 bis 220 Grad knusprig backen.

Salzstangen

Friedlinde Meister, Widdern

Zutaten: *500 g Mehl Type 550 · 20 g Hefe · 250 ml Milch · 1 Prise Zucker · 125 ml Öl · 1 TL Salz · 1 Ei · 1 Eigelb zum Bestreichen*

Zubereitung: Mehl in eine Schüssel geben. Eine Mulde machen und die zerbröselte Hefe mit etwas warmer Milch, dem Zucker und etwas Mehl verrühren. Wenn die Masse etwas aufgegangen ist, die restliche Milch, das Öl und etwas Salz dazugeben, alles gut verrühren, dann das Ei dazugeben. Alles mit dem Knethaken des Handmixers oder in der Küchenmaschine etwa 10 Minuten gut kneten. Den Teig in 4 Teile teilen. Jedes Teil zu einer Kugel formen und diese abgedeckt etwa 1/2 Stunde an einem warmen Platz gehen lassen. Jede Kugel ausrollen, in 8 Dreiecke schneiden. Jedes Dreieck aufrollen, mit verquirltem Eigelb bestreichen und mit Kümmel und grobem Meersalz oder Schwarzkümmel bestreuen. Man kann auch jede Teigkugel in 8 Teile teilen und diese jeweils zu einer dickeren, länglichen Stange formen. Bei 180 Grad Ober-/Unterhitze im vorgeheizten Backofen etwa 15 Minuten backen.

Tipps & Tricks: Schmeckt lecker zu Bier und Wein. Man kann das Eigelb mit etwas Sahne verquirlen.

Donauschwäbische Bäckerkipferl

Theresia Graf, Stuttgart

Zutaten: *2 Würfel Hefe · 1 EL Zucker · 1 l lauwarme Milch · 1 kg Mehl Type 405 · 1 TL Salz · 100 g Butter · 1 Eigelb · etwas Milch · Salz · Kümmel*

Zubereitung: Hefe und Zucker mit einem kleinen Teil der lauwarmen Milch in eine große Tasse geben, verrühren und gehen lassen. Mehl in eine Schüssel geben, Salz außen an den Rand streuen, in der Mitte eine Mulde schaffen. Die Hefe-Zucker-Milch-Mischung sowie die restliche lauwarme Milch und die Butter dazugeben und alles gut verkneten, bis der Teig Blasen wirft. Dann an einen warmen Ort stellen, bis er das doppelte Volumen erreicht hat. Nochmals gut durchkneten. Aus dem Teig runde Brötchen von etwa 80 g formen und nochmals gehen lassen, die Brötchen zu Dreiecken ausrollen, von der breiten Seite zu Kipferln aufrollen und entsprechend biegen. Noch einmal gehen lassen. Eigelb mit Milch verquirlen und die Kipferl damit bestreichen, mit Salz und Kümmel bestreuen und nochmals gehen lassen. Dann bei etwa 200 bis 220 Grad goldgelb backen.

Türkische Sesamkringel – Simit

Hildegard Hadek, Hüttlingen

Zutaten: *500 g Mehl Type 550 · 1 EL Zucker · 1/2 Würfel Hefe · 250 ml warmes Wasser · 3 EL Olivenöl oder 50 g geschmolzene Butter · 1 1/2 TL Salz · Glasur: etwa 150 g Sesamkörner · 150 ml Wasser · 1 gestrichener EL Mehl · 3 EL Traubensirup oder Üzüm Pekmezi aus dem türkischen Supermarkt*

Zubereitung: Das Mehl in eine Schüssel geben und mit einem Löffel eine Kuhle hineindrücken. Den Zucker und die zerbröckelte Hefe hineingeben. Mit einem guten Schluck vom abgemessenen Wasser und einer Gabel verrühren. Vom Rand aus ein wenig Mehl darübergeben und etwa 30 Minuten stehen lassen. Nun die restlichen Zutaten mit in die Schüssel geben und mit der Küchenmaschine einen homogenen Teig kneten, dazu 8 Minuten langsam und 2 Minuten schnell laufen lassen und den Teig anschließend noch einmal ganz kurz mit den Händen durchkneten. Nun den fertigen Teig etwa 45 bis 60 Minuten abgedeckt gehen lassen. In der Zwischenzeit die Sesamkörner ohne Fett in einer Pfanne anrösten. Vom Herd ziehen und abkühlen lassen. Das Wasser in eine Schüssel füllen und mit dem Mehl sowie dem Traubensirup klümpchenfrei verrühren. Nun den Teig in 6 bis 8 Stücke teilen und gründlich zu runden Ballen wirken. Dann nimmt man die Daumen beider Hände und drückt damit in die Mitte eines jeden Ballens ein Loch. Nun hebt man den Simit an und dreht ihn mit dem Daumen innen und den restlichen Fingern der Hand außen. Man fasst immer ein wenig weiter herum und kreist so lange, bis ein genügend großer und möglichst gleichmäßiger Ring entstanden ist. Die Simit werden dann kurz in dem Traubensirup-Wasser-Gemisch gebadet, anschließend sofort mit dem Sesam paniert und können direkt im vorgeheizten Backofen gebacken werden. Bei 200 Grad Ober-/Unterhitze etwa 25 bis 30 Minuten backen.

Tipps & Tricks: Simit lassen sich hervorragend einfrieren.

Leckere
Brotrestle

Schwäbischer Napfkuchen mit Dörrpflaumen

Karin Umbach, Baden-Baden

Zutaten: *200 g Weißbrot · 250 ml Milch · 100 g Butter oder Margarine · 100 g Zucker · 3 große Eier · 100 g getrocknete Pflaumen · 2 EL Zwetschgenwasser oder Kognak · 2 EL Semmelbrösel*

Zubereitung: Weißbrot in Scheiben schneiden, in Milch einweichen, ausdrücken und verrühren. Margarine, Zucker und Eigelbe gut schlagen. Das Brot, die geschnittenen Dörrpflaumen und den Alkohol hinzufügen. Zum Schluss das mit einer Prise Salz zu Schnee geschlagene Eiklar unterheben. Die Masse in eine eingefettete und mit Semmelbröseln ausgestreute Gugelhupfform füllen. Bei 200 Grad etwa 60 Minuten backen. Am Ende der Backzeit eventuell mit Alufolie abdecken.

Scheiterhaufen

Julika Burkard, Vellberg

Zutaten: *6 trockene Brötchen · 500 ml Milch · 50 g weiche Butter · 60–80 g weiche Butter · 3 Eier · 1 Prise Salz · 1 Bio-Zitrone · 30 g Butterflöckchen · 50 g Sultaninen oder 500 g Äpfel*

Zubereitung: Brötchen in etwa 1 cm dicke Scheiben schneiden. Abgeriebene Zitronenschale, Zucker und Eier gut schlagen, über die Brötchen gießen und durchziehen lassen. Zum Verfeinern entweder mit kleingeschnittenem Obst abwechselnd schichten oder Sultaninen untermischen. Mit Butterflöckchen belegen. In etwa 40 Minuten bei 200 Grad Ober-/Unterhitze goldbraun backen.

Ofenschlupfer

Bettina Luppold, Aichhalden-Rötenberg

Zutaten: *4 harte Weckle oder Weißbrot oder Hefezopf · 3 Äpfel · 1 EL Rosinen · 4 Eier · 250 ml Milch · 100 g Zucker · 1 Päckchen Vanillezucker · 1 Msp Zimt · 10 g Butter*

Zubereitung: Weckle und Äpfel in Scheiben schneiden und im Wechsel in die gefettete Auflaufform schichten, die Rosinen darüber verteilen. Die Eier verrühren, Milch, Zucker, Zimt dazugeben und darübergeben. Butterflocken daraufsetzen und im Backofen bei 200 Grad 60 Minuten backen.

Tipps & Tricks: Dazu passt Vanillesoße oder eingemachtes Obst.

Ofenschlupfer mit Äpfeln

Helga Schöll, Mehrstetten

Zutaten: *6–8 altbackene Brötchen · etwa 500 g Äpfel · 500 ml Milch · 3 Eier · 75 g Zucker · 1 Päckchen Vanillezucker · etwas Salz · abgeriebene Schale einer Zitrone · abgebrühte Rosinen · Butterflöckchen*

Zubereitung: Brötchen und Äpfel in Scheiben schneiden. Milch, Eier, Zucker, Vanillezucker, Salz und abgeriebene Zitronenschale verquirlen. Eine Auflaufform ausbuttern und abwechselnd Brötchen und Äpfel mit Rosinen schichten. Mit der Eiermilch begießen und Butterflöckchen daraufsetzen. Bei 180 Grad im Backofen 45 Minuten backen.

Tipps & Tricks: Dazu passt Vanillesoße.

Badischer Kirschenplotzer

Manuela Schwaab-Mossmann,
Neuenburg am Rhein

Zutaten: *4 Semmeln oder 1 Brot vom Vortag · 1 kleines Glas Kirschschnaps · 1 TL Kakao · 2 TL Zimt · 4 Eier · 250 ml Öl · 200 g Zucker · 1 TL Vanillezucker · 100 g Mehl · 1 Päckchen Backpulver · 1 Prise Salz · 1 Glas Sauerkirschen*

Zubereitung: Semmeln oder Brot in grobe Stücke schneiden, mit Kirschschnaps, Kakao und Zimt durchmischen und ziehen lassen. Restliche Zutaten zu einem Teig rühren und mit der Semmelmasse durchmengen. Am Schluss die abgetropften Kirschen unterheben. Teig in eine gefettete Springform geben und 1 Stunde bei 175 Grad backen.

Tipps & Tricks: Schmeckt warm und kalt mit Vanillesoße. Kann auch mit anderem Obst zubereitet werden.

Tessiner Brottorte

Inge Martinetz,
Freiberg am Neckar

Zutaten: *1 Tessiner Brot oder 300 g Weißbrot vom Vortag · 800 ml Milch · 1 Vanilleschote · 100 g Zitronat · 100 g Orangeat · 50 g Sultaninen · 100 g dunkle Schokolade · 100 g gemahlene Mandeln · 150 ml Grappa · 2–3 Tropfen Bittermandel-Aroma · 4 Eier · 160 g Zucker · 1 Prise Salz · etwas Zimt · 30 g Butter · 2 EL Paniermehl · 30 g Butterflöckchen · 30 g Pinienkerne*

Zubereitung: Brot in Würfel schneiden und mit der heißen Milch übergießen. Vanilleschote der Länge nach halbieren und beigeben. 30 Minuten stehen lassen. Vanilleschote herausnehmen und das eingeweichte Brot mit dem Mixer zu einer feinen Masse verrühren. Zitronat, Orangeat, Sultaninen, gehackte Schokolade, Mandeln, Grappa und Bittermandel-Aroma dazugeben und sorgfältig mischen. Eier, Zucker, Salz und Zimt schaumig rühren und vorsichtig darunterziehen. Springform mit Butter einfetten und mit Paniermehl bestreuen. Tortenmasse einfüllen, Butterflocken und Pinienkerne darüber verteilen. Im Ofen bei etwa 190 Grad 1 Stunde backen.

Arme Ritter

Ingetraut Haschka,
Asselfingen

Zutaten: *altbackenes Brot (Weckle, Brezeln) · Eier · Zucker · Mehl*

Zubereitung: Aus Eiern, Zucker und etwas Mehl mache man einen Teig. In diesen Teig tauche man das in Scheiben geschnittene Brot. Danach alles in der Pfanne im heißen Fett goldbraun auf beiden Seiten anbraten.

Tipps & Tricks: Mit Zimt und Zucker und/ oder Kompott servieren.

Aarblootz

Gisela Weiß, Bad Mergentheim

Zutaten: *3 Wasserwecken vom Vortag · etwa 250 ml Milch · 1 Zwiebel · 1 Bund Petersilie · 80 g Butter · 4 Eier · Salz · Muskatnuss · Butterfett zum Braten*

Zubereitung: Die Wecken in dünne Scheiben schneiden, die Milch erhitzen und darübergießen. Die Zwiebel schälen, in kleine Würfel schneiden und die Petersilie fein wiegen. Etwas Butter erhitzen und darin die Zwiebelwürfel und die Petersilie kurz andämpfen. Die Eier trennen, die Eigelbe zusammen mit der restlichen Butter, etwas Salz und wenig Muskatnuss unter die Milch-Wecken-Mischung geben. Eiweiß zu steifem Schnee schlagen und vorsichtig unterrühren. Butterfett erhitzen und die Masse zuerst auf der einen Seite gut durchbacken, umdrehen und die zweite Seite backen.

Tipps & Tricks: Dies war das »Prüfungsgericht« für eine zukünftige Ehefrau. Sie musste es im Beisein der Schwiegermutter zubereiten und kunstgerecht servieren. Man dreht den Aarblootz am besten, indem man ihn auf einen Topfdeckel oder eine Tortenunterlage stürzt und dann wieder in die Pfanne gleiten lässt. Dazu reicht man Kopfsalat oder Ackersalat.

Gebackene Brotscheiben

Waltraud Maurer, Kirchzarten

Zutaten: *trockene Brotscheiben · Eier · Sahne · Salz · Muskatnuss*

Zubereitung: Trockene Brotscheiben werden in einer Masse von einigen Eiern, Sahne, etwas Salz, Muskatnuss eingeweicht. Danach die Scheiben in Butterschmalz backen. Einmal wenden, wenn sie schön braun sind.

Tipps & Tricks: Dazu passt Salat. Man kann auch über die Brotscheiben Zucker streuen und Kompott oder Pudding dazu essen.

Knuspriges Vogelheu

Marcelle Nägele, St. Blasien

Zutaten: *2 EL Butter · 200 g Brot · 5–6 Eier · 1 Löffelspitze Salz · 1/2 Tasse Milch*

Zubereitung: Altbackenes Brot in dünne Scheibchen schneiden. Eier, Salz und Milch gut schlagen. In einer Pfanne das Fett heiß machen, das Brot darin hellbraun backen, die Eiermilch darübergießen und so lange rühren, bis die Eier flockig sind.

Tipps & Tricks: Das Rezept reicht für 3 Personen. Dazu passen grüner Salat, Feld- oder Tomatensalat.

Schweizer Eierdünki

Edith Franzen, Siegelsbach

Zutaten: *4 altbackene Brötchen oder 200 g Toastbrot · 500 ml Milch · 3 Eier · Salz · Pfeffer · Schnittlauch*

Zubereitung: Die Brötchen schneidet man in Würfel und übergießt sie mit so viel heißer Milch, dass alle angefeuchtet sind, etwa 1/4 l. Dann in heißem Butterschmalz bei stetem Wenden goldgelb backen. Die restliche Milch mit den Eiern verquirlen, mit Salz, Pfeffer und Schnittlauch würzen und alles so weit stocken lassen, dass die Masse noch weich und saftig ist.

Tipps & Tricks: Man kann die Brötchen- masse auch dick mit Käse bestreuen, kurz rösten und in die Eiermilch etwa 30 g Reib- käse geben. Kartoffelsalat oder grüner Salat schmeckt gut dazu.

Brotsalat

Harry Linder, Leonberg

Zutaten: *1 großer Romana- oder Kopfsalat · 100 ml saure Sahne · 1 EL Traubenkernöl · 2 Knoblauchzehen · 2 EL Weißweinessig · Salz · Pfeffer · Paprikapulver edelsüß · 1 EL Schnittlauch · 4 Scheiben Weißbrot · 40 g Butter · 2 EL geriebener Allgäuer Bergkäse*

Zubereitung: Den gewaschenen Salat in mundgerechte Stücke zupfen. Sahne, Traubenkernöl, feingeschnittenen oder gepressten Knoblauch und Essig in einer Schüssel verrühren. Das Dressing mit Salz, Pfeffer und Paprikapulver abschmecken. Den feingeschnittenen Schnittlauch untermischen. Brot würfeln und in einer Pfanne in Butter bei mittlerer Hitze goldbraun rösten. Salat mit der Soße mischen und die Brotwürfel darübergeben. Nun mit dem geraspelten Käse bestreuen. Sofort servieren.

Brotsalat mit Hack

Luciana Zisterer, Gosheim

Zutaten: *700 g Butternusskürbis · 6 rote Zwiebeln · 600 g Pastinaken · 4 EL Rotweinessig · 3 EL Olivenöl · Salz · Pfeffer · 20 g Ingwer · 500 g gemischtes Hackfleisch · 35 g Kürbiskerne · 1 Ei · Salz · Pfeffer · Sonnenblumenöl · 200 g gekochte Rote Bete · 1/4 Roggenbrot · 2 Stiele Sellerie · 2 Stiele Salbei · 1–2 EL Kürbiskernöl*

Zubereitung: Kürbis waschen und in 3 cm große Stücke schneiden. Zwiebeln vierteln, Pastinaken waschen, schälen und längs schneiden. Essig und Öl, Salz und Pfeffer zu einer Vinaigrette mischen, das Gemüse darin wenden und auf ein Backblech legen. Bei 175 Grad (Umluft 150 Grad) etwa 40 Minuten backen. Hackfleisch mit Kürbiskernen und Ei vermengen, mit Salz und Pfeffer würzen und walnussgroße Bällchen formen. Öl in einer Pfanne erhitzen, Bällchen etwa 6 Minuten braten. Rote Bete in Spalten schneiden, Brot grob zerzupfen, beides etwa 10 Minuten vor Garzeitende des Gemüses zugeben. Selleriestiele klein schneiden und mit Salbeiblättern darübergeben. Gemüse mit Hackbällchen anrichten. Mit Kürbiskernöl beträufeln.

Tipps & Tricks: Das Rezept reicht für 4 Personen.

Brotsalat mit Tomaten und Rucola

Erika Schüssler, Aichwald

Zutaten: *1 Ciabatta · 8 EL Olivenöl · Salz · Pfeffer · Zucker · 250 g Rucola · 200 g Cocktailtomaten · 1/2 Bund Basilikum · 2 EL Weißweinessig · 1 EL Zitronensaft*

Zubereitung: Ciabatta in Würfel schneiden, mit 3 bis 4 EL Olivenöl in einer Pfanne knusprig anbraten. Würzen und auskühlen lassen. Rucola in mundgerechte Stücke schneiden, Tomaten halbieren, eventuell entkernen, Basilikum in kleine Stücke schneiden. Restliches Öl mit Essig und Zitronensaft verrühren und würzen. Alles mischen und mit der Marinade übergießen.

Tipps & Tricks: Das Rezept reicht für 4 Personen. Wer's mag, benutzt Knoblauchöl.

Ulmer Klöße

Monika Schoknecht, Fellbach

Zutaten: *4 altbackene Brötchen · 50 g geräucherter Speck · 2 kleine Zwiebeln · Petersilie · 2 Eier · Salz · Senf · Pfeffer · Muskat*

Zubereitung: Die Brötchen weicht man in kaltem Wasser ein, drückt sie fest aus und verzupft sie. Den Speck schneidet man in kleine Würfelchen und dünstet ihn mit den gehackten Zwiebeln und der gehackten Petersilie glasig an. Alle Zutaten mischen und mit bemehlten Händen 8 Klöße formen. In leicht kochendem Salzwasser etwa 12 bis 15 Minuten langsam ziehen lassen.

Tipps & Tricks: In Butter und Weckmehl geschmälzt anrichten.

Knödel

Martha Jochim, Oedheim

Zutaten: *altbackenes Brot oder Laugenge-
bäck · warme Milch · Ei · Zwiebel · Petersilie
oder Schnittlauch · Majoran · Salz · Pfeffer*

Zubereitung: Brotreste in eine Schüssel
geben, mit nicht zu viel warmer Milch
übergießen, zugedeckt ziehen lassen. Dann
Ei, kleingeschnittene Zwiebel, Gewürze und
Kräuter gut untermischen, etwas ruhen
lassen. Daraus Knödel formen, in köcheln-
dem Salzwasser etwa 8 bis 10 Minuten
simmern lassen.

Tipps & Tricks: Sie schmecken zu Kraut,
anderen Gemüsen, Salat, mit oder ohne
Fleisch. In Scheiben geschnitten und in
Butterschmalz, eventuell mit Ei darüber
angebacken, ergeben die restlichen Knödel
wieder eine Mahlzeit.

Brezel-Scheibenknödel

Daniele Kallenberg, Waiblingen

Zutaten: *3 altbackene Laugenstangen ·
1 Schalotte · 1 Handvoll Petersilie · 30 g Butter · 75 ml Milch · 3 Eier · Salz · Pfeffer*

Zubereitung: Laugenstangen würfeln.
Gehackte Schalotte und Petersilie in Butter
andämpfen, mit den Laugenstangenwürfeln,
Milch, Eiern und Gewürzen vermischen. Die
Masse zu einer Rolle formen und in Alufo-
lie wickeln. Anschließend 15 Minuten im
heißen Wasser simmern lassen. Nach dem
Auspacken in Scheiben schneiden.

Tipps & Tricks: Passt bestens zu Braten mit
Soße, Gulasch oder Pilzragout.

Winterlicher Brotauflauf

*Michael Branik und Priska Speißer
(Zum Bäckerhaus), Roßwälden*

Zutaten: *1 Kopf Wirsing · 1 Zwiebel · 1 EL Butter · 100 ml Weißwein · 1 Bio-Zitrone · 4 Eier · 500 ml Sahne · 100 g Frischkäse · 1 TL Senf · 1 kleines Bund Petersilie · 100 g Walnüsse · 1 EL Zucker · 16 Scheiben Weißbrot oder Baguette vom Vortag · 200 g milder Blauschimmelkäse · Pfeffer · Salz · Zucker · Kümmel, gemahlen · Butter für die Form*

Zubereitung: Den Backofen auf 180 Grad (Umluft 160 Grad) vorheizen. Den Wirsing vierteln, Strunk entfernen und in feine Streifen schneiden. Waschen und in einem Sieb abtropfen lassen. Die Zwiebel fein würfeln und in der Butter glasig dünsten. Den Wirsing zugeben, kurz mit andünsten und mit Weißwein ablöschen. Zugedeckt bei schwacher Hitze etwa 10 Minuten garen, dabei mehrmals umrühren. Saft und abgeriebene Schale der Zitrone zugeben und mit Pfeffer, Salz und Kümmel abschmecken. Eier, Sahne, Frischkäse, Senf und gehackte Petersilie mit dem Schneebesen glattrühren und mit Pfeffer und Salz abschmecken. Die Walnüsse grob hacken und in einer Pfanne ohne Fett sanft anrösten. Den Zucker zugeben und leicht karamellisieren lassen. In einer Schüssel abkühlen lassen.

Die Weißbrotscheiben in der Eiermasse tränken und hochkant in die gebutterte Auflaufform schichten. In die Lücken den Wirsing geben. Mit der Eiermasse übergießen und zum Schluss Walnüsse und Blauschimmelkäse darüberbröseln.

Im vorgeheizten Backofen für etwa 30 Minuten backen, bis die Eiermasse gestockt und der Käse schön verlaufen ist.

Tipps & Tricks: Das Rezept ist für 4 Personen. Dazu passt Feldsalat und ein fruchtiger Weißwein.

Gefüllter Weißbrotstollen

Michaela Litterst, Offenburg

Zutaten: *3 EL Speckwürfel · 1 EL Butter · 1 gewürfelte Zwiebel · 500 g feines Bratwurstbrät · Salz · Pfeffer · Sahne · Gewürzketchup · Cognac · 1 Kastenweißbrot · 1 Ei · 50 g geriebener Käse*

Zubereitung: Den Speck in einer großen Pfanne in Butter anbraten, Zwiebelwürfel zugeben und glasig dünsten. Das Brät zufügen und alles gut durchmischen. Mit Salz und Pfeffer pikant würzen. Etwas Sahne und Gewürzketchup zugeben, krümelig anbraten. Einen Schuss Cognac zufügen. Von dem Weißbrot einen Deckel abschneiden und aushöhlen. Die etwas abgekühlte Füllung in das Brot geben. Das Ei mit einer Gabel etwas verquirlen und über das Brät gießen. Den Käse darüberstreuen. Den Stollen im Backofen überbacken, bis der Käse leicht braun ist. Kurz vor Ende der Garzeit den Deckel auflegen.

Tipps & Tricks: In Scheiben geschnitten warm oder kalt mit einem gemischten Salat servieren.

Herzhafter Ofenschlupfer

Monika Kiefer, Wembach

Zutaten: *5 altbackene Brötchen · 150 g durchwachsener Speck · 2 Zwiebeln · 1 Gelbe Rübe · 1 Paprika · Petersilie · Fett oder Öl zum Braten · 200 g geriebener Käse · 200 ml Sahne · 250 ml Milch · 3 Eier · 250 g Quark · Salz · Pfeffer*

Zubereitung: Brötchen in feine Scheiben schneiden, Speck, Zwiebeln, Gelbe Rübe, Paprika, Petersilie klein schneiden und mit etwas Fett andünsten. Alles schichtweise abwechselnd mit Käse in eine gefettete Auflaufform geben. Zum Schluss nochmal Käse drüberstreuen. Die restlichen Zutaten miteinander verrühren, mit Salz und Pfeffer abschmecken und über das Schichtkunstwerk gießen. Im Backofen bei 180 Grad 30 Minuten backen.

Tipps & Tricks: Mit Feld- oder Kopfsalat servieren.

Porree-Brotauflauf

Dietrich Groß, Kenzingen

Zutaten: *500 g Porree mit etwas Grün ·
2 EL Butter · 80 ml Brühe · 50 ml Sahne ·
Salz · Pfeffer · Muskatnuss · Fett für die Form ·
4 Scheiben altbackenes Graubrot · 90 g rohe
Schinkenwürfel · 100 g geriebener Emmentaler*

Zubereitung: Den geputzten Porree in
Ringe schneiden, nochmals waschen und
gut abtropfen lassen. Dann in heißer Butter
glasig dünsten. Mit der Brühe und der Sahne
ablöschen und etwa 5 Minuten weich garen.
Mit Salz, Pfeffer und Muskatnuss würzen.
Einen großen Teil des Gemüses in einer
großen, gefetteten Auflaufform verteilen.
Brotscheiben nebeneinander auf die Porreesahne legen. Mit dem Schinken bestreuen
und mit übriger Porreesahne bedecken. Den
Emmentaler darauf verteilen und den Auf-
lauf im vorgeheizten Backofen bei 200 Grad
etwa 20 Minuten goldbraun backen.

Tipps & Tricks: Reicht für 2 Portionen.

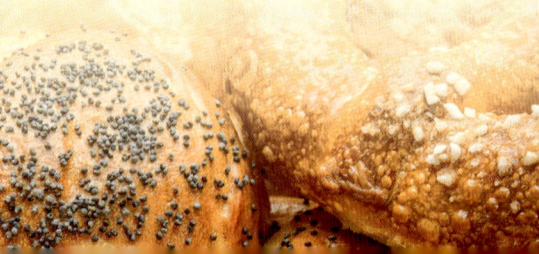

Französischer Weißbrotauflauf

Karin Neumann, Stockach

Zutaten: *4 Scheiben Weißbrot · 1 Knoblauchzehe · 4 Scheiben gekochter Schinken · 120 g geriebener Gouda · 2 Eier · 250 ml trockener Weißwein · Gewürze*

Zubereitung: Das Brot toasten, die Knoblauchzehe schälen, anschneiden und damit über den Toast reiben. Den Schinken darauflegen. Die Brotscheiben schuppenartig in eine Auflaufform schichten. Käse, Eier, Wein und die Gewürze verrühren und über den Toast gießen. Im Backofen bei mittlerer Hitze etwa 30 Minuten überbacken.

Tipps & Tricks: Dazu Wein servieren.

Brotsuppe

Angela Rathgeb, Ehingen-Rißtissen

Zutaten: *etwa 3 Scheiben Brot · Butter oder Margarine · Wasser oder Brühe · 2 Kartoffeln · 1 Karotte · etwas Milch · Schnittlauch · Petersilie · Salz und Pfeffer nach Belieben*

Zubereitung: Brotscheiben werden klein geschnitten und mit etwas Butter oder Margarine angeröstet, dann mit Wasser oder Brühe abgelöscht. Kartoffeln und Karotte klein schneiden und dazugeben. Alles miteinander etwa 10 Minuten kochen und entsprechend würzen. Abschließend etwas Milch dazugeben und mit dem Schneebesen sämig rühren. Mit Schnittlauch und Petersilie verzieren.

Goldsuppe

Christina Wahl, Balingen

Zutaten: *Weizenmischbrot oder Brötchen vom Vortag · Eier · Salz · Pfeffer, Muskatnuss · Butter · Fleischbrühe · Schnittlauch*

Zubereitung: Das Brot in 1 1/2 cm starke Würfel schneiden. Eier verkleppern und mit Salz, etwas Pfeffer und geriebener Muskatnuss abschmecken. Die Brotwürfel mit der Eimasse gut vermengen. Butter in einer Pfanne erwärmen und die getränkten Brotwürfel darin goldbraun anbraten. Die angebratenen Brotwürfel mit Fleischbrühe servieren und mit frischem Schnittlauch bestreuen.

Tipps & Tricks: Die Brotwürfel und auch die Fleischbrühe in separaten Schüsseln auf den Tisch stellen, sonst weichen die Würfel zu schnell auf.

Weckleinsuppe

Berta Seiler, Warthausen

Zutaten: *2 alte Milchbrötchen · etwas Butter · Milch · Salz · Pfeffer · Muskatnuss · 2–3 Eier · etwas Mehl · Fleischbrühe · Schnittlauch*

Zubereitung: Die Milchbrötchen in dünne Scheiben schneiden, etwas zerlassene Butter darübergeben und mit heißer Milch übergießen, gerade so viel, wie das Brot aufnimmt. Salz, Pfeffer und Muskatnuss, 2 bis 3 Eier und etwas Mehl dazugeben und alles vermengen. Aus der Masse kleine Häufchen auf ein gefettetes Backblech setzen und im Ofen goldbraun backen. Wenn die Wecklein kalt sind, mit Fleischbrühe übergießen und feingeschnittenen Schnittlauch dazugeben.

Tipps & Tricks: Es handelt sich um ein uraltes Rezept meiner Großmutter.

Brezelsuppe

Franz Heiss, Neuhausen auf den Fildern

Zutaten: *altbackene Brezeln · Fleischbrühe*

Zubereitung: Eine getrocknete Brezel pro Person in Fleischbrühe kurz mit aufkochen und fertig ist die Brezelsuppe.

Tipps & Tricks: Ein ultraschnelles Rezept für die Verwertung von übrigen Brezeln.

Herzhafte Aufstriche

Grünkerncreme

Ursula Baumann,
Villingen-Schwenningen

Zutaten: *50 g Grünkernschrot ·*
100 ml Gemüsebrühe · 1 Schalotte ·
1 Knoblauchzehe · 1 Bund frische Kräuter ·
1 EL Rapsöl · 50 g weiche Butter · 2 EL Hefe-
flocken · Zitronensaft · Kräutersalz · Muskat-
nuss · Senf

Zubereitung: Den Grünkernschrot in der
Brühe aufkochen, Herd ausschalten, Grün-
kern quellen und erkalten lassen. Feine
Schalottenwürfel und gehackten Knoblauch
mit den fein gehackten Kräutern mischen.
Zusammen mit den restlichen Zutaten
zum Schrot geben und nach Belieben
pikant würzen.

Grünkernaufstrich

Monika Kühlwein,
Bad Mergentheim-Markelsheim

Zutaten: *1 Tasse Grünkernschrot · 1 Tasse*
Wasser · 1 kleine Zwiebel, fein geschnit-
ten · 100 g Butter · 2 EL Sonnenblumenöl ·
1 zerdrückte Knoblauchzehe · 1/2 TL Senf ·
1 TL Zitronensaft · Pfeffer · Kräutersalz · viele
fein gehackte Kräuter (Petersilie, Schnittlauch,
Majoran …)

Zubereitung: Den Grünkernschrot im
Wasser 2 Stunden einweichen lassen. Nun
alle Zutaten in die schaumig gerührte Butter
geben, gut vermengen, kräftig abschmecken.
Kann sofort verwendet werden.

Tipps & Tricks: Der Aufstrich kann auch
bis zu drei Tagen im Kühlschrank gelagert
werden. Es empfiehlt sich aber dann, die
Zwiebel wegzulassen.

Gemüse-Zwiebel-Aufstrich

Margarete Müller-Saum,
Buchen-Hainstadt

Zutaten: *1 Zwiebel · 1 Möhre · 50 g Sellerie · 50 g Lauch · 100 g Butter · 100 g Quark · Salz · Pfeffer · frische Kräuter*

Zubereitung: Das gesamte Gemüse in feine Streifen, dann in Würfel schneiden. 25 g Butter erhitzen und darin die Zwiebel- und Gemüsewürfelchen goldgelb andünsten. Etwas abkühlen lassen und dann die restliche Butter und den Quark dazugeben. Mit frischen gehackten Kräutern und den Gewürzen pikant abschmecken. Erkalten lassen und nochmals abschmecken.

Erdnuss-Süßkartoffel-Aufstrich

Jos Hampel,
Bad Schönborn

Zutaten: *300 g Süßkartoffeln · 1 Knoblauchzehe · 1 EL Rapsöl · 100 ml Gemüsebrühe · 5 getrocknete Tomaten in Öl · 2 EL Erdnusscreme · 1 TL grüner Pfeffer (in Lake eingelegt) · 2 EL Pfeffer-Lake · Salz*

Zubereitung: Knoblauch fein würfeln, in einem Topf mit dem Rapsöl etwa 3 Minuten dünsten. Süßkartoffeln schälen, in Stücke schneiden, zum Knoblauch geben, mit der Gemüsebrühe auffüllen. Alles bei schwacher Hitze etwa 10 Minuten köcheln lassen. Tomaten in kleine Stücke schneiden, zu den Süßkartoffeln geben und weitere 5 Minuten garen. Alles mit einem Kartoffelstampfer zerdrücken, dann Erdnusscreme, fein gehackten Pfeffer und Pfefferlake unterrühren und gut vermischen. Mit Salz abschmecken.

Zucchinicreme

Ilse Braitmaier, Horb am Neckar

Zutaten: *300 g Zucchini, fein geraspelt und leicht gesalzen · 2 Eier, hart gekocht · Zwiebel und Knoblauch, fein gehackt · 2 EL Crème fraîche · Salz · Pfeffer*

Zubereitung: Die Zucchini ausdrücken und mit gehackter Zwiebel und gehacktem Knoblauch andünsten, bis alle Flüssigkeit verdampft ist; auskühlen lassen. Die Eier hacken und untermischen, Crème fraîche dazugeben und mit Salz und Pfeffer abschmecken.

Zucchini-Frischkäse-Aufstrich

Michaela Litterst, Offenburg

Zutaten: *1 Zucchini (etwa 250 g) · 1 Zwiebel · etwas Olivenöl · 200 g Frischkäse*

Zubereitung: Die Zucchini und die Zwiebel in kleine Würfel schneiden und in etwas Olivenöl anbraten. Abkühlen lassen und unter den Frischkäse rühren. Pikant abschmecken.

Tipps & Tricks: Zu einem kräftigen Bauernbrot oder einem Ciabatta servieren.

Bohnen-Mandel-Paste

Franz Hampel, Bad Schönborn

Zutaten: *250 g weiße Bohnen (frisch oder aus der Dose) · 75 g Mandelmus · 1 Bio-Zitrone · 2 EL Mandelblättchen · 1 EL frischer Thymian · Salz · Pfeffer*

Zubereitung: Frische Bohnen über Nacht einweichen, am nächsten Tag weichkochen oder Dosenbohnen verwenden. Bohnen und Mandelmus in einen Rührbecher geben, Zitronensaft und Zitronenabrieb dazu. Mit dem Pürierstab pürieren. Mandelblättchen in einer Pfanne ohne Fett hellbraun rösten. Unter die Masse heben, gehackten Thymian dazugeben, mit Salz und Pfeffer würzen.

Linsenpaste

Zutaten: *200 g rote Linsen · 1 l kalte Gemüsebrühe · 1 Zwiebel (mittelgroß) · 1 Lorbeerblatt · Rapsöl · etwa 60 ml Sahne oder Kokosmilch · Pfeffer · Salz · Chilipulver · Paprikapulver, edelsüß · Kreuzkümmel, gemahlen · Zucker*

Zubereitung: Die roten Linsen waschen. Mit Gemüsebrühe und Lorbeerblatt nach Packungsanweisung kochen. Die Zwiebel würfeln und mitkochen. Sobald die Linsen weich sind, die überschüssige Brühe vollständig abgießen, die Linsen in einem Sieb kurz abtropfen lassen und das Lorbeerblatt entfernen. Zu den abgekochten Linsen jetzt ein paar Tropfen Rapsöl geben, dann etwas süße Sahne oder Kokosmilch hinzufügen, bis eine feste Masse entsteht. Nun nach Geschmack mit Salz und Pfeffer würzen sowie je eine Prise Chili, Paprika, Kreuzkümmel und Zucker zugeben. Alles mit einem Pürierstab zu einer cremigen Masse verrühren. Wenn die Masse zu fest ist, immer wieder einen Schuss Sahne oder Kokosmilch dazugeben, bis eine streichfähige Masse entsteht. Die Masse anschließend so lange kühlen, bis sie fest geworden ist – sie sollte die gleiche Konsistenz haben wie Streichleberwurst. Die Paste im Kühlschrank aufbewahren und möglichst schnell verzehren.

Tipps & Tricks: Ohne Butter pur auf ein leckeres Stück Brot streichen und Sie werden feststellen, dass die Linsenpaste fast wie Leberwurst schmeckt.

Dattelaufstrich

Dagmar Barbist, Kornwestheim

Zutaten: *200 g entsteinte Datteln ·
2–3 Knoblauchzehen · 200 g Frischkäse ·
1 Becher Schmand · 1 TL Curry · Salz ·
Pfeffer · 1/4 TL Kreuzkümmel · 1 TL oder
1 EL Harissa (scharfe Gewürzpaste)*

Zubereitung: Datteln und Knoblauch
im Mixer zerkleinern. Die Masse mit den
restlichen Zutaten gut verrühren und
abschmecken.

Tipps & Tricks: Wer noch nie diese scharfe
Paste verwendet hat, sollte zunächst vorsichtig mit der Menge sein.

Kartoffelaufstrich mit Gurke

Yvonne Weirauch, Remshalden

Zutaten: *200 g Kartoffeln · 150 g Sauerrahm · 1 kleine Zwiebel · 1 Zehe Knoblauch ·
2 große Essiggurken · Salz · Pfeffer · Kümmel*

Zubereitung: Kartoffeln kochen, schälen
und noch warm durch die Kartoffelpresse
drücken, abkühlen lassen. Die anderen
Zutaten klein hacken und unter die Kartoffelmasse mischen, würzen. Aufstrich etwas
durchziehen lassen.

Tipps & Tricks: Das Rezept ist für
4 Personen.

Tomaten-Pesto

Brigitte Hauser,
Blaustein

Zutaten: *1 Glas getrocknete Tomaten (250–350 g) · 1 Knoblauchzehe · 80 g Pinienkerne · 1 Bund glatte Petersilie · 50 ml Olivenöl · Salz · Pfeffer*

Zubereitung: Tomaten, Knoblauch und Pinienkerne im Mixer zerkleinern. Kleingeschnittene Petersilie und Olivenöl dazugeben. Mit Salz und Pfeffer abschmecken.

Tipps & Tricks: Schmeckt lecker auf Ciabatta.

Tomaten-Basilikum-Creme

Christel Waßmer,
Bruchsal

Zutaten: *1 Packung Frischkäse · 60 g getrocknete Tomaten (in Öl) · 1 Knoblauchzehe · Basilikum und Frühlingszwiebeln nach Belieben · Salz und Pfeffer aus der Mühle*

Zubereitung: Der Frischkäse sollte Zimmertemperatur haben. Die getrockneten Tomaten, Knoblauch und Basilikumblätter fein hacken, Frühlingszwiebeln in feine Ringe schneiden. Diese Zutaten mit dem Frischkäse in einer großen Schüssel gut vermischen und mit Salz und Pfeffer würzen. Vor dem Servieren etwa 2 Stunden im Kühlschrank durchkühlen lassen. In einer Schüssel anrichten und mit dem Grün der Frühlingszwiebeln garnieren.

Tipps & Tricks: Dazu frisches Bauernbrot oder Baguette reichen.

Avocadocreme

*Gabriele Speck,
Neuenstadt-Cleversulzbach*

Zutaten: *1 Knoblauchzehe · 1 Zwiebel · etwas Olivenöl · 1 Avocado (Fruchtfleisch) · 2 hart gekochte Eier · 200 g Frischkäse · 25 ml steirisches Kürbiskernöl · Pfeffer · Salz*

Zubereitung: Knoblauchzehe und Zwiebel fein schneiden und in etwas Olivenöl andünsten. Etwas abkühlen lassen, danach mit dem ausgelösten Fruchtfleisch der Avocado, den geschälten und kleingehackten Eiern und allen restlichen Zutaten mischen und mit dem Pürierstab zu einer homogenen Masse verarbeiten.

Tipps & Tricks: Gut geeignet als Beilage zu Pellkartoffeln, Gurken und Tomaten. Kann mehrere Tage in einem verschlossenen Glas im Kühlschrank aufbewahrt werden.

Möhren-Käse-Aufstrich

Beate Müller, Heilbronn

Zutaten: *350 g Karotten · 1 Knoblauchzehe · 20 g Pinienkerne · 30 g Parmesankäse · 1 kleiner Zweig Rosmarin · 1 EL Rapsöl · Jodsalz · Chilipulver · 1 kleine Chilischote · Salz · Pfeffer, frisch gemahlen*

Zubereitung: Die Karotten waschen, putzen und in kleine Stücke schneiden, Knoblauch schälen und fein hacken. Die Pinienkerne in einer Pfanne trocken rösten. Sofort aus der Pfanne nehmen und fein hacken. Den Käse fein reiben. Den Rosmarin waschen, trockenschütteln und die Nadeln vom Zweig streifen. Öl in einer Pfanne erhitzen. Karotten und Knoblauch kurz darin anbraten. Mit Salz und Chilipulver abschmecken. Etwa 200 ml Wasser zugießen und köcheln lassen, bis die Karotten weich sind. Die Karotten abgießen und zusammen mit dem Rosmarin pürieren. Mit Salz und Pfeffer würzen. Den Käse unterheben. Die Chilischote waschen, längs halbieren, entkernen und in sehr feine Würfel schneiden. Zusammen mit den Pinienkernen erst kurz vor dem Servieren unterheben.

Tipps & Tricks: Für 4 Personen. Statt Karotten kann man auch Kürbis, Auberginen, Zucchini oder Paprika verwenden. Die Pinienkerne kann man auch durch Mandeln oder Nüsse ersetzen.

Herzhafter Käseaufstrich

Brigitte Stopper-Grimm, Calw

Zutaten: *1 Schabziger Stöckli (100 g) · 100 g Romadur · 100 g Butter · 1 Zwiebel · Schnittlauch · Kirschtomaten*

Zubereitung: Den Schabziger (Schweizer Bergkäse mit Schabzigerklee) fein reiben, mit zerdrücktem Romadur und Butter (beides zimmerwarm) sowie der gehackten Zwiebel nach Gusto vermischen und mit Schnittlauchröllchen und Tomaten garnieren.

Tipps & Tricks: Passt prima zu frischem Holzofenbrot.

Walnuss-Käse-Brotaufstrich

Sabine Maier, Vöhringen-Wittershausen

Zutaten: *30 g weiche Butter · 60 g Quark · 2 TL Weißwein · 100 g alter Gouda, gerieben · 50 g Walnusskerne, fein gehackt · 1/2 Knoblauchzehe, fein gehackt · Petersilie, klein geschnitten · Pfeffer · Salz*

Zubereitung: Butter schaumig rühren und die restlichen Zutaten untermengen. Mit den Gewürzen abschmecken.

Tipps & Tricks: Passt bestens auf knusprigem Bauernbrot zu einem Glas kühlen Weißwein.

Obazda (angemachter Käse)

Anneliese Junginger, Altheim (Alb)

Zutaten: *1 Dose Philadelphia-Käse · 1 Ecke Schmelzkäse · 100 g Butter · 1 Camembert · 1 kleine Zwiebel · 1 TL Sojasoße · etwas Aromat*

Zubereitung: Philadelphia, Schmelzkäse und Butter mit einer Gabel zerdrücken und zusammenrühren. Camembert klein schneiden, Zwiebel ebenfalls. Danach beides in die Käse-Buttermischung unterrühren und mit Sojasoße und Aromat abschmecken. Im Kühlschrank etwa 1 bis 2 Stunden ziehen lassen. Mit Schnittlauch bestreuen.

Winzerkäse

Elfriede Weick, Rosenberg (Baden)

Zutaten: *1 Zwiebel · 100 g Sonnenblumenkerne oder Walnüsse, gehackt und geröstet · 200 g Lachsschinken · 1 Becher Schmand · 600 g Frischkäse · Salz · Pfeffer · Schnittlauch*

Zubereitung: Im Mixer alles zerkleinern und mischen. Zum Schluss abschmecken.

Tipps & Tricks: Zu Bauernbrot einfach toll!

Griechischer Brotaufstrich

Stanka Marquardt, Waldburg

Zutaten: *1/2 Zwiebel · 10 schwarze, milde Oliven ohne Stein · 3 milde Peperoni · 125 g Hirtenkäse · 1 TL Kräuter der Provence · 1 Prise Pfeffer · 150 g Naturjoghurt*

Zubereitung: Alle Zutaten sehr klein schneiden und zusammen mit den Gewürzen und dem Joghurt verrühren. Wer eine Küchenmaschine besitzt, der sollte diese zum Zerkleinern benützen, da der Brotaufstrich somit viel homogener wird.

Tipps & Tricks: Schafs- und Ziegenkäse sind meist zu salzig, bitte deshalb bei der Käseauswahl auf den Hinweis »mild« achten. Wer es nicht ganz so vegetarisch mag, kann noch 100 g gewürfelte Salami hinzufügen.

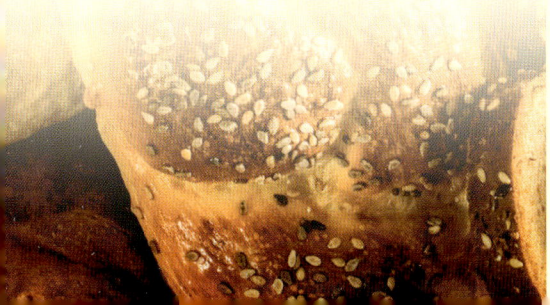

Herzhafter Brotaufstrich

Traudel Steiner, Helmstadt-Bargen

Zutaten: *je 1 rote, gelbe und grüne Paprikaschote · 1 süßsaure Essiggurke · 500 g Kalbsleberwurst oder Delikatess-Leberwurst · 100 ml saure Sahne · 1 EL mittelscharfer Senf · 1 EL eingelegter grüner Pfeffer, abgetropft*

Zubereitung: Paprikaschoten halbieren, Trennwände entfernen, waschen, abtropfen lassen und würfeln. Essiggurke ebenfalls würfeln und mit den restlichen Zutaten vermischen. Gut durchziehen lassen.

Brotaufstrich mit Wurst

Brigitte Rumler, Hergatz

Zutaten: *250 g Schinken- oder Fleischwurst · 6 hartgekochte Eier · etwa 250 g Mayonnaise · Salz · Pfeffer*

Zubereitung: Wurst und Eiweiß in sehr feine Würfel schneiden. Eigelb mit einer Gabel zerdrücken, nun alles miteinander mischen. Dann so viel Mayonnaise dazugeben, bis eine streichfähige Masse entsteht. Mit Salz und Pfeffer würzen.

Tipps & Tricks: Schmeckt auf jedem Brot (hell oder dunkel) köstlich. Am besten selbstgemachte Mayonnaise verwenden.

Herrenmarmelade

Silvia Riek, Oberrot

Zutaten: *200 g gekochter Schinken · 200 g Salami · 200 g Rauchfleisch · 2 große Zwiebeln · evtl. 1 Knoblauchzehe · 600 g Sahnestreichkäse · 600 g Kräuterstreichkäse*

Zubereitung: Gekochten Schinken, Salami, Rauchfleisch, Zwiebeln und nach Geschmack 1 Knoblauchzehe würfeln und zusammen andämpfen. Sahne- und Kräuterstreichkäse dazugeben und erwärmen. Alles nach dem Erkalten in einer Schüssel verschließen und kühl aufbewahren.

Tipps & Tricks: Die Herrenmarmelade schmeckt natürlich auch Frauen. Man kann sie übrigens prima einfrieren.

Pikanter Thunfischaufstrich

Renate Vogel, Alpirsbach

Zutaten: *1 Glas Oliven · 1 Glas Kapern · 1 Glas Sardellen · 1 EL Senf · 2 Knoblauchzehen · 2 Dosen Thunfisch (in Öl) · 1 EL Weinbrand · Pfeffer · ggf. Zitronensaft*

Zubereitung: Oliven, Kapern und Sardellen abtropfen lassen, danach alle Zutaten mischen und mit dem Mixer oder Pürierstab gut zerkleinern. Mit Pfeffer abschmecken. Eine Zugabe von Salz ist nicht notwendig, da die Sardellen sehr salzig sind. Wenn Flüssigkeit fehlt, eventuell noch Zitronensaft hinzufügen.

Tipps & Tricks: Passt exzellent zu gegrilltem oder getoastetem Weißbrot.

Lachscreme

Fabian Weis, Karlsruhe

Zutaten: *150 g Räucherlachs · 1 TL Honig · 1 TL Senf (mittelscharf) · Dill (nach Belieben, am besten reichlich) · 1/2 Packung Frischkäse (etwa 100 g) · Salz · Pfeffer · edelsüßer Paprika*

Zubereitung: Den Lachs ganz fein hacken. Honig und Senf miteinander verrühren (wird zusammen flüssiger als die beiden Einzelkomponenten); den gehackten Lachs dazugeben, den Dill hinzufügen und gut vermischen. Jetzt den Frischkäse untermengen und mit Salz, Pfeffer, Paprika und gegebenenfalls noch mehr Dill abschmecken. Anschließend alles nochmal gut durchmischen.

LANDFRAUENVERBÄNDE IN BADEN-WÜRTTEMBERG –
ein starker Verbund für Frauen im ländlichen Raum

**Mit 82 000 Mitgliedern sind die LandFrauen die größte Interessenvertretung für Frauen im ländlichen Raum. Die LandFrauenverbände Südbaden, Württemberg-Baden und Württemberg-Hohenzollern sind offen für Frauen aus allen Berufen und Lebenssituationen, sie sind parteipolitisch neutral und konfessionell ungebunden. Die 127 Kreis- und Bezirksvereine und 1300 Ortsvereine werden von ehrenamtlichen Führungskräften geleitet. Als anerkannte Träger der ländlichen Erwachsenenbildung bieten die drei LandFrauenverbände über ihre Bildungs- und Sozialwerke mit jährlich über 45 000 Veranstaltungen und über einer Million TeilnehmerInnen ein umfangreiches qualifiziertes und ganzheitliches Weiterbildungsangebot auf Landes-, Kreis- und Ortsebene an. Ein zentraler Schwerpunkt ist der Erzeuger-Verbraucher-Dialog und die Vermittlung von Alltagskompetenzen. Hierzu gehören auch Back- und Kochkenntnisse mit regionalen und saisonalen Lebensmitteln.

Anschriften der LandFrauenverbände in Baden-Württemberg

LandFrauenverband Südbaden im Badischen Landwirtschaftlichen Hauptverband e. V.
Merzhauser Straße 111
79100 Freiburg
Telefon (07 61) 2 71 33-500
Fax (07 61) 2 71 33-501
www.landfrauenverband-suedbaden.de

LandFrauenverband Württemberg-Baden e. V.
Bopserstraße 17
70180 Stuttgart
Telefon (07 11) 24 89 27-0
Fax (07 11) 24 89 27-50
www.landfrauen-bw.de

LandFrauenverband Württemberg-Hohenzollern im Landesbauernverband in Baden-Württemberg e. V.
Gartenstraße 63
88212 Ravensburg
Telefon (07 51) 36 07-60
Fax (07 51) 36 07-80
www.landfrauenverband-wh.de